Paleo Mutfağı 2023

Sağlıklı Yaşamın Lezzetli Anahtarları

Selin Yılmaz

dizin

RENDELENMIŞ KÖK SEBZELI IZGARA FILETO BIFTEK

EV IŞI:20 dakika dinlenme: 20 dakika Izgara: 10 dakika dinlenme: 5 dakika Verim: 4 porsiyon

SIRT FILETOLARI ÇOK INCE BIR DOKUYA SAHIPTIR,VE BIFTEĞIN BIR TARAFINDAKI KÜÇÜK BIR YAĞ ŞERIDI IZGARADA ÇITIR ÇITIR VE DUMANLI OLACAKTIR. İLK KITABIMDAN BU YANA HAYVANSAL YAĞLARA BAKIŞ AÇIM DEĞIŞTI. PALEO DIYETININ TEMEL ILKELERINE BAĞLI KALIRSANIZ VE DOYMUŞ YAĞLARI GÜNLÜK KALORILERINIZIN YÜZDE 10 ILA 15'I ARASINDA TUTARSANIZ, KALP HASTALIĞI RISKINIZI ARTIRMAZSINIZ VE ASLINDA TAM TERSI DOĞRU OLABILIR. YENI BILGILER, LDL KOLESTEROLÜ YÜKSELTMENIN ASLINDA KALP HASTALIĞI IÇIN BIR RISK FAKTÖRÜ OLAN SISTEMIK INFLAMASYONU AZALTABILECEĞINI DÜŞÜNDÜRMEKTEDIR.

- 3 yemek kaşığı sızma zeytinyağı
- 2 yemek kaşığı rendelenmiş taze yaban turpu
- 1 tatlı kaşığı ince rendelenmiş portakal kabuğu
- ½ çay kaşığı öğütülmüş kimyon
- ½ çay kaşığı karabiber
- 4 biftek (sığır filetosu da denir), yaklaşık 1 cm kalınlığında dilimler halinde kesin
- 2 orta boy yaban havucu, soyulmuş
- 1 büyük tatlı patates, soyulmuş
- 1 orta boy şalgam, soyulmuş
- 1 veya 2 ince kıyılmış arpacık soğan
- 2 diş ezilmiş sarımsak
- 1 yemek kaşığı taze kekik, şeritler halinde kesilmiş

1. Küçük bir kasede 1 yemek kaşığı yağ, yaban turpu, portakal kabuğu, kimyon ve ¼ çay kaşığı biberi karıştırın. Filetoları karışımla kaplayın; örtün ve oda sıcaklığında 15 dakika bekletin.

2. Bu sırada haşhaş için yaban havucu, tatlı patates ve şalgamı rendeleyin veya mutfak robotunda rendeleyin. Doğranmış sebzeleri büyük bir kaseye koyun; arpacık ekleyin. Küçük bir kapta kalan 2 yemek kaşığı yağı, kalan ¼ çay kaşığı biber, sarımsak ve kekiği birleştirin. Sebzelerin üzerine serpin; iyice karıştırmak için karıştırın. 18'e 18 inçlik bir çift ağır hizmet tipi alüminyum folyo oluşturmak için 36'ya 18 inçlik bir ağır hizmet alüminyum folyo parçasını ikiye katlayın. Sebze karışımını folyonun ortasına yerleştirin; folyonun karşılıklı kenarlarını kaldırın ve bir katla kapatın. Kalan kenarları sebzeleri tamamen kapatacak şekilde katlayın ve buharın toplanması için yer bırakın.

3. Kömürlü veya gazlı ızgara için, biftekleri ve folyoyu orta ateşte doğrudan ızgaraya yerleştirin. Orta (145°F) için 10 ila 12 dakika veya orta (160°F) için 12 ila 15 dakika boyunca biftekleri örtün ve ızgaranın ortasında çevirerek pişirin. Paketi 10 ila 15 dakika veya sebzeler yumuşayana kadar ızgara yapın. Sebzeler kızarırken biftekleri 5 dakika dinlendirin. Sebze püresini dört servis tabağına paylaştırın; fileto ile üst.

SIĞIR ETI VE SEBZELI ASYA KIZARTMALARI

EV IŞI:30 dakika Pişirme süresi: 15 dakika Verim: 4 porsiyon

BEŞ BAHARAT TOZU TUZSUZ BIR BAHARAT KARIŞIMIDIR.ÇIN MUTFAĞINDA SIKLIKLA KULLANILIR. EŞIT MIKTARDA ÖĞÜTÜLMÜŞ TARÇIN, KARANFIL, REZENE TOHUMU, YILDIZ ANASON VE SICHUAN KARABIBERLERINDEN OLUŞUR.

- 1,5 pound kemiksiz dana bonfile veya kemiksiz yuvarlak biftek, 1 inç kalınlığında dilimler halinde kesilmiş
- 1½ çay kaşığı beş baharat tozu
- 3 yemek kaşığı rafine hindistan cevizi yağı
- 1 küçük kırmızı soğan, ince dilimlenmiş
- 1 küçük demet kuşkonmaz (yaklaşık 12 ons), kırpılmış ve 3 inçlik parçalar halinde kesilmiş
- 1½ su bardağı jülyen doğranmış turuncu ve/veya sarı havuç
- 4 diş sarımsak, doğranmış
- 1 tatlı kaşığı ince rendelenmiş portakal kabuğu
- ¼ su bardağı taze portakal suyu
- ¼ bardak sığır kemik suyu (bkz.<u>yemek tarifi</u>) veya ilave tuz içermeyen et suyu
- ¼ fincan beyaz şarap sirkesi
- ¼ ila ½ çay kaşığı ezilmiş kırmızı biber
- 8 su bardağı kıyılmış napa lahana
- ½ su bardağı kavrulmuş tuzsuz kuşbaşı badem veya iri kıyılmış tuzsuz kaju fıstığı (57. sayfadaki ipucuna bakın)

1. Dilerseniz daha kolay dilimlemek için eti kısmen dondurun (yaklaşık 20 dakika). Eti çok ince dilimler

halinde kesin. Büyük bir kapta, sığır eti ve beş baharat tozunu birleştirin. Büyük bir wok veya çok büyük tavada 1 yemek kaşığı hindistancevizi yağını orta-yüksek ateşte ısıtın. Etin yarısını ekleyin; pişirin ve 3 ila 5 dakika veya kızarana kadar karıştırın. Eti bir kaseye aktarın. Kalan et ve başka bir yemek kaşığı yağ ile tekrarlayın. Eti diğer pişmiş etle birlikte bir kaba alın.

2. Kalan 1 çorba kaşığı yağı aynı tavaya ekleyin. soğan ekleyin; 3 dakika karıştırarak pişirin. Kuşkonmaz ve havuç ekleyin; 2 ila 3 dakika veya sebzeler gevrekleşinceye kadar pişirin ve karıştırın. Sarımsak ekleyin; pişirin ve 1 dakika daha karıştırın.

3. Sos için portakal kabuğu rendesi, portakal suyu, dana kemik suyu, sirke ve toz kırmızıbiberi küçük bir kapta karıştırın. Sosu wok içindeki sebzelere ve kasedeki tüm et ve meyve sularına ekleyin. Pişirin ve 1 ila 2 dakika veya tamamen ısınana kadar karıştırın. Oluklu bir kaşık kullanarak lahanayı büyük bir kaseye aktarın. Sıcak tutmak için örtün.

4. Sosu üstü açık olarak orta ateşte 2 dakika pişirin. lahana ekleyin; 1 ila 2 dakika veya lahana yumuşayana kadar pişirin ve karıştırın. Lahanayı ve pişirme suyunu dört servis tabağına paylaştırın. Et karışımı ile eşit olarak serpin. Ceviz serpin.

ASYA EZME VE LAHANA SALATASI ILE SEDIR AĞACI BIFTEK

DALDIRMA:1 saat hazırlama: 40 dakika ızgarada: 13 dakika dinlenme: 10 dakika Verim: 4 porsiyon.

NAPA LAHANASINA BAZEN ÇIN LAHANASI DENIR.PARLAK SARI-YEŞIL UÇLU GÜZEL BURUŞUK KREM RENKLI YAPRAKLARI VARDIR. LAHANANIN MUMSU YAPRAKLARINDAN OLDUKÇA FARKLI YUMUŞAK, PÜRÜZSÜZ BIR TADA VE DOKUYA SAHIPTIR VE ASYA MUTFAĞININ DOĞAL BIR PARÇASI OLMASI ŞAŞIRTICI DEĞILDIR.

1 büyük sedir tahtası

¼ ons kurutulmuş shiitake mantarı

¼ su bardağı ceviz yağı

2 çay kaşığı öğütülmüş taze zencefil

2 çay kaşığı öğütülmüş kırmızı biber

1 çay kaşığı ezilmiş Szechuan biberi

¼ çay kaşığı beş baharat tozu

4 diş sarımsak, doğranmış

4 4 ila 5 ons sığır filetosu biftek, ¾ ila 1 inç kalınlığında dilimler halinde kesilmiş

Asya lahanası (bkz.yemek tarifi, altında)

1. Izgara plakasını suya yerleştirin; kilo verin ve en az 1 saat bekletin.

2. Bu arada, Asya usulü için, kurutulmuş shiitake mantarlarını kaynar suyla küçük bir kapta kaplayın; yeniden nemlendirmek için 20 dakika bekletin. Mantarları boşaltın ve bir mutfak robotuna yerleştirin. Ceviz yağı, zencefil, ezilmiş kırmızı biber, Szechuan

biberi, beş baharat tozu ve sarımsağı ekleyin. Mantarlar doğranana ve malzemeler birleştirilene kadar örtün ve işleyin; kenara koymak

3. Izgara plakasını boşaltın. Bir kömür ızgarası için, kömürleri ızgaranın çevresine düşük ısıda yerleştirin. Izgara plakasını doğrudan kömürlerin üzerine yerleştirin. Örtün ve 3 ila 5 dakika veya çatırdayana ve sigara içene kadar ızgara yapın. Biftekleri ızgaraya doğrudan sıcak kömürlerin üzerine yerleştirin; 3 ila 4 dakika veya kömürleşene kadar ızgara yapın. Biftekleri, kızartılmış tarafı yukarı gelecek şekilde bir kesme tahtasına aktarın. Plakayı ızgaranın ortasına yerleştirin. Asya sosunu bifteklerin arasına paylaştırın. Örtün ve 10 ila 12 dakika veya bifteklere yatay olarak yerleştirilen anında okunan bir termometre 130 ° F'yi gösterene kadar ızgara yapın. (Gazlı ızgara için ızgarayı önceden ısıtın. Isıyı ortama düşürün. Damlama tepsisini rafa yerleştirin, üzerini kapatın ve 3 ila 5 dakika veya tepsi çatırdayıp duman çıkmaya başlayana kadar ızgara yapın. Filetoları 3 ila 4 dakika veya filetolar pişene kadar ızgaraya yerleştirin kesme tahtası üzerinde, kızartılmış tarafı yukarı gelecek şekilde ayarlayın. Izgarayı dolaylı pişirmeye ayarlayın; plakayı filetolarla birlikte sönmüş brülörün üzerine yerleştirin. Bifteklerin üzerine yayın. Örtün ve 10 ila 12 dakika veya filetolara yatay olarak yerleştirilen anında okunan bir termometre 130 ° F'yi gösterene kadar ızgara yapın.) Rafı dolaylı pişirmeye ayarlayın; plakayı filetolarla birlikte sönmüş brülörün üzerine yerleştirin. Bifteklerin üzerine yayın. Örtün ve 10 ila 12 dakika veya filetolara yatay olarak yerleştirilen anında okunan bir

termometre 130 ° F'yi gösterene kadar ızgara yapın.)
Rafı dolaylı pişirmeye ayarlayın; plakayı filetolarla
birlikte sönmüş brülörün üzerine yerleştirin. Bifteklerin
üzerine yayın. Örtün ve 10 ila 12 dakika veya anında
okunan bir termometre filetolara yatay olarak
yerleştirilene kadar ızgara yapın Örtün ve 10 ila 12
dakika veya filetolara yatay olarak yerleştirilen anında
okunan bir termometre 130 ° F'yi gösterene kadar
ızgara yapın.) Rafı dolaylı pişirmeye ayarlayın; plakayı
filetolarla birlikte sönmüş brülörün üzerine yerleştirin.
Bifteklerin üzerine yayın. Örtün ve 10 ila 12 dakika veya
filetolara yatay olarak yerleştirilen anında okunan bir
termometre 130 ° F'yi gösterene kadar ızgara yapın.)
Rafı dolaylı pişirmeye ayarlayın; plakayı filetolarla
birlikte sönmüş brülörün üzerine yerleştirin. Bifteklerin
üzerine yayın. Örtün ve 10 ila 12 dakika veya anında
okunan bir termometre filetolara yatay olarak
yerleştirilene kadar ızgara yapın Örtün ve 10 ila 12
dakika veya filetolara yatay olarak yerleştirilen anında
okunan bir termometre 130 ° F'yi gösterene kadar
ızgara yapın.) Rafı dolaylı pişirmeye ayarlayın; plakayı
filetolarla birlikte sönmüş brülörün üzerine yerleştirin.
Bifteklerin üzerine yayın. Örtün ve 10 ila 12 dakika veya
filetolara yatay olarak yerleştirilen anında okunan bir
termometre 130 ° F'yi gösterene kadar ızgara yapın.)
Rafı dolaylı pişirmeye ayarlayın; plakayı filetolarla
birlikte sönmüş brülörün üzerine yerleştirin. Bifteklerin
üzerine yayın. Örtün ve 10 ila 12 dakika veya anında
okunan bir termometre filetolara yatay olarak
yerleştirilene kadar ızgara yapın plakayı filetolarla
birlikte sönmüş brülörün üzerine yerleştirin. Bifteklerin

üzerine yayın. Örtün ve 10 ila 12 dakika veya anında okunan bir termometre filetolara yatay olarak yerleştirilene kadar ızgara yapın plakayı filetolarla birlikte sönmüş brülörün üzerine yerleştirin. Bifteklerin üzerine yayın. Örtün ve 10 ila 12 dakika veya anında okunan bir termometre filetolara yatay olarak yerleştirilene kadar ızgara yapın

4. Biftekleri ızgaradan çıkarın. Biftekleri gevşek bir şekilde folyo ile kaplayın; 10 dakika dinlenmeye bırakın. Biftekleri ¼ inç kalınlığında dilimler halinde kesin. Biftekleri Asya salatası ile servis edin.

Asya Salatası: İnce dilimlenmiş 1 orta boy napa lahanayı büyük bir kaseye atın; 1 su bardağı ince kıyılmış kırmızı lahana; 2 havuç, soyulmuş ve soyulmuş; 1 kırmızı veya sarı dolmalık biber, çekirdekleri çıkarılmış ve çok ince dilimlenmiş; 4 taze soğan, ince kıyılmış; 1 ila 2 serrano biber, tohumlanmış ve doğranmış (bkz.eğim); 2 yemek kaşığı kıyılmış kişniş; ve 2 yemek kaşığı öğütülmüş nane. Sos için 3 yemek kaşığı taze limon suyu, 1 yemek kaşığı rendelenmiş taze zencefil, 1 diş kıyılmış sarımsak ve ⅛ çay kaşığı beş baharat tozunu bir mutfak robotu veya karıştırıcıda birleştirin. Pürüzsüz olana kadar örtün ve işleyin. İşlemci çalışırken, yavaş yavaş ½ fincan ceviz yağını ekleyin ve pürüzsüz olana kadar karıştırın. 1 adet ince kıyılmış taze soğanı sosa ilave edin. Salatanın üzerine gezdirin ve fırlatın.

KARNABAHAR PEPERONATA ILE TAVADA KIZARTILMIŞ TRITIP BIFTEK

EV IŞI:25 dakika Pişirme süresi: 25 dakika Verim: 2 porsiyon

PEPERONATA GELENEKSEL OLARAK YAVAŞ KAVRULMUŞ BIR RAGUDUR.SOĞAN, SARIMSAK VE OTLAR ILE TATLI BIBER. KARNABAHARLA DAHA DOYURUCU OLAN BU HIZLI KIZARTILMIŞ VERSIYON AYNI ZAMANDA GARNITÜR OLARAK DA ÇALIŞIR.

- 2 4 ila 6 ons üç uçlu biftek, ¾ ila 1 inç kalınlığında dilimler halinde kesilmiş
- ¾ çay kaşığı karabiber
- 2 yemek kaşığı sızma zeytinyağı
- 2 adet kırmızı ve/veya sarı biber, çekirdekleri çıkarılmış ve dilimlenmiş
- 1 arpacık soğan, ince dilimlenmiş
- 1 çay kaşığı Akdeniz baharatı (bkz.<u>yemek tarifi</u>)
- 2 su bardağı küçük karnabahar çiçeği
- 2 yemek kaşığı balzamik sirke
- 2 çay kaşığı taze kekik, şeritler halinde kesilmiş

1. Biftekleri kağıt havluyla kurulayın. Filetoları ¼ çay kaşığı karabiber serpin. Orta-yüksek ateşte büyük bir tavada 1 yemek kaşığı yağı ısıtın. Kaydırmak için fileto ekleyin; ısıyı orta seviyeye düşürün. Biftekleri 6 ila 9 dakika kısık ateşte (145°F) ara sıra çevirerek pişirin. (Et çok çabuk kızarırsa ısıyı azaltın.) Filetoları tavadan çıkarın; sıcak tutmak için gevşek bir şekilde folyo ile örtün.

2. Peperonata için kalan 1 çorba kaşığı yağı tavaya ekleyin. Kırmızı biber ve arpacık ekleyin. Akdeniz baharatları serpin. Ara sıra karıştırarak orta ateşte yaklaşık 5 dakika veya biberler yumuşayana kadar pişirin. Karnabahar, balzamik sirke, kekik ve kalan ½ çay kaşığı karabiberi ekleyin. Örtün ve ara sıra karıştırarak 10 ila 15 dakika veya karnabahar yumuşayana kadar pişirin. Filetoları tavaya geri koyun. Biber karışımını filetoların üzerine dökün. Hemen servis yapın.

MANTAR SOSLU VE DIJONLU IZGARA BIFTEK AU POIVRE

EV ISI:15 dakika Pişirme süresi: 20 dakika Verim: 4 porsiyon

BU MANTAR SOSLU FRANSIZ BIFTEGI30 DAKIKADAN BIRAZ DAHA UZUN BIR SÜREDE MASADA OLABILIR, BU DA ONU HAFTA IÇI HIZLI BIR AKSAM YEMEGI IÇIN HARIKA BIR SEÇIM HALINE GETIRIR.

BIFTEK

3 yemek kaşığı sızma zeytinyağı

1 pound genç kuşkonmaz, dilimlenmiş

4 6 ons martı bifteği (kemiksiz dana omuz) *

2 yemek kaşığı şeritler halinde kesilmiş taze biberiye

1½ çay kaşığı öğütülmüş karabiber

DALDIRMA

8 ons doğranmış taze mantar

2 diş ezilmiş sarımsak

½ su bardağı dana kemik suyu (bkz.<u>yemek tarifi</u>)

¼ fincan sek beyaz şarap

1 yemek kaşığı Dijon hardalı (bkz.<u>yemek tarifi</u>)

1. 1 çorba kaşığı yağı büyük bir tavada orta-yüksek ateşte ısıtın. kuşkonmaz ekleyin; 8 ila 10 dakika veya gevrek olana kadar pişirin, yanmayı önlemek için sapları ara sıra çevirin. Kuşkonmazı tabağa koyun; Sıcak tutmak için alüminyum folyo ile kaplayın.

2. Filetoları biberiye ve karabiber serpin; parmaklarını ov. Aynı tavada kalan 2 yemek kaşığı yağı orta-yüksek ateşte ısıtın. Fileto ekleyin; ısıyı orta seviyeye düşürün.

Eti ara sıra çevirerek kısık ateşte (145°F) 8 ila 12 dakika pişirin. (Et çok çabuk kızarıyorsa, ısıyı düşürün.) Eti yağını bırakarak tavadan alın. Filetoları sıcak tutmak için gevşek bir şekilde alüminyum folyo ile örtün.

3. Sos için tavadaki yağa mantarları ve sarımsağı ekleyin; ara sıra karıştırarak yumuşayana kadar pişirin. Et suyu, şarap ve Dijon hardalı ekleyin. Orta ateşte pişirin, tavanın altındaki kızartılmış parçaları kazıyın. Kaynatın; 1 dakika daha pişirin.

4. Kuşkonmazı dört düz tabağa bölün. Fileto ile üst; Sosu filetoların üzerine dökün.

*Not: 6 onsluk yassı biftek bulamazsanız, iki adet 8-12 onsluk biftek alın ve dört biftek yapmak için ikiye bölün.

IZGARA BIFTEK, SALSA SALATASI VE KARAMELIZE SOĞAN ILE

EV IŞI:30 dakika Marine etme: 2 saat Pişirme: 20 dakika
Soğutma: 20 dakika Izgara: 45 dakika Verim: 4 porsiyon

IZGARA BIFTEK NISPETEN YENIDIR.SADECE BIRKAÇ YIL ÖNCE
GELIŞTIRILEN BIR KESIM. KAFANIN KÜREK KEMIĞINE YAKIN
TUZLU KISMINDAN OYULMUŞ, ŞAŞIRTICI DERECEDE
YUMUŞAK VE TADI OLDUĞUNDAN ÇOK DAHA PAHALI, BU DA
MUHTEMELEN POPÜLARITESINDEKI HIZLI ARTIŞI AÇIKLIYOR.

BIFTEK
- ⅓ su bardağı taze limon suyu
- ¼ su bardağı sızma zeytinyağı
- ¼ bardak iri kıyılmış kişniş
- 5 diş doğranmış sarımsak
- 4 6 ons martı bifteği (kemiksiz dana omuz)

PANSUMAN
- 1 salatalık (İngiliz), tohumlanmış (gerekirse soyulmuş), doğranmış
- 1 su bardağı doğranmış üzüm domates
- ½ bardak doğranmış kırmızı soğan
- ½ su bardağı iri kıyılmış kişniş
- 1 poblano biber, çekirdekleri çıkarılmış ve doğranmış (bkz.eğim)
- 1 jalapeño, çekirdeği çıkarılmış ve doğranmış (bkz.eğim)
- 3 yemek kaşığı taze limon suyu
- 2 yemek kaşığı sızma zeytinyağı

KARAMELIZE EDILMIŞ SOĞANLAR
- 2 yemek kaşığı sızma zeytinyağı

2 büyük tatlı soğan (Maui, Vidalia, Texas Sweet veya Walla
    Walla gibi)

½ çay kaşığı öğütülmüş chipotle chilies

1. Biftek için, biftekleri açılıp kapanabilen bir plastik
    torbaya sığ bir kaseye koyun; kenara koymak Küçük bir
    kapta limon suyu, yağ, kişniş ve sarımsağı birleştirin;
    torbadaki filetoların üzerine dökün. çantayı kapatın;
    çevirin ve 2 saat buzdolabında marine etmeye bırakın.

2. Salata için salatalık, domates, soğan, kişniş, poblano ve
    jalapeño'yu geniş bir kapta birleştirin. Birleştirmek için
    karıştırın. Sos için küçük bir kapta limon suyu ve
    zeytinyağını karıştırın. Sosu sebzelerin üzerine dökün;
    bir ceket atın. Servis edilene kadar örtün ve buz
    dolabında saklayın.

3. Soğanlar için fırını önceden 400° F'ye ısıtın. Hollandalı bir
    fırının içini biraz zeytinyağı ile fırçalayın; kenara
    koymak Soğanı uzunlamasına ikiye bölün, kabuğunu
    çıkarın ve ardından ¼ inç kalınlığında dilimler halinde
    çapraz olarak dilimleyin. Kalan zeytinyağını, soğanı ve
    biberi Hollandalı fırında birleştirin. Örtün ve 20 dakika
    pişirin. Ortaya çıkarın ve yaklaşık 20 dakika soğumaya
    bırakın.

4. Soğutulmuş soğanı fırın folyosuna koyun veya soğanı çift
    kalın folyoya sarın. Folyonun üst kısmını kürdan ile
    birkaç yerinden delin.

5. Kömürlü ızgara için, orta ateşte ızgaranın çevresine
    kömür koyun. Izgaranın ortasındaki orta ateşte
    deneyin. Paketi rafın ortasına yerleştirin. Örtün ve
    yaklaşık 45 dakika veya soğanlar yumuşak ve kehribar

rengi olana kadar kızartın. (Gazlı ızgara için ızgarayı
önceden ısıtın. Isıyı orta seviyeye düşürün. Dolaylı
pişirmeye ayarlayın. Paketi sönmüş ocağa yerleştirin.
Belirtildiği gibi örtün ve ızgara yapın.)

6. Filetoları turşudan çıkarın; turşuyu atın. Kömür veya
   gazlı ızgara için, biftekleri orta-yüksek ateşte doğrudan
   ızgaraya yerleştirin. Örtün ve 8 ila 10 dakika veya
   bifteklere yatay olarak yerleştirilen anında okunan bir
   termometre 135 ° F'yi okuyup bir kez dönene kadar
   ızgara yapın. Filetoları bir tabağa aktarın, folyo ile örtün
   ve 10 dakika dinlendirin.

7. Servis yapmak için salsayı dört servis tabağına bölün. Her
   tabağa bir fileto yerleştirin ve karamelize soğanla
   cömertçe serpin. Hemen servis yapın.

Hazırlama talimatları: Salsa salatası hazırlanıp servis
edilmeden 4 saat öncesine kadar soğutulabilir.

BITKISEL SOĞAN VE SARIMSAK "TEREYAĞI" ILE IZGARA KABURGA

EV IŞI:10 dakika pişirme: 12 dakika soğutma: 30 dakika ızgara: 11 dakika hazırlama: 4 porsiyon

TAZE IZGARA BIFTEĞIN ISISI ERIYORHINDISTAN CEVIZI YAĞI VE ZEYTINYAĞINDAN OLUŞAN ZENGIN AROMALI BIR KARIŞIMDA SÜSPANSE EDILMIŞ KARAMELIZE SOĞAN, SARIMSAK VE OTLARDAN OLUŞAN KAŞIKLAR.

- 2 yemek kaşığı rafine edilmemiş hindistancevizi yağı
- 1 küçük soğan, ikiye bölünmüş ve çok ince dilimlenmiş (yaklaşık ¾ bardak)
- 1 diş sarımsak, çok ince dilimlenmiş
- 2 yemek kaşığı sızma zeytinyağı
- 1 yemek kaşığı taze maydanoz, şeritler halinde kesilmiş
- 2 çay kaşığı taze kekik, biberiye ve/veya rendelenmiş kekik
- 4 8 ila 10 ons dana kaburga biftek, 1 inç kalınlığında dilimler halinde kesilmiş
- ½ çay kaşığı taze çekilmiş karabiber

1. Hindistan cevizi yağını orta boy bir tencerede kısık ateşte eritin. soğan ekleyin; ara sıra karıştırarak 10 ila 15 dakika veya hafifçe kızarana kadar pişirin. Sarımsak ekleyin; ara sıra karıştırarak 2 ila 3 dakika daha uzun veya soğan altın rengi olana kadar pişirin.

2. Soğan karışımını küçük bir kaseye aktarın. Zeytinyağı, maydanoz ve kekiği ekleyin. 30 dakika boyunca veya karışım, kepçeyle çıkarıldığında bir höyük oluşturacak

kadar sert olana kadar, üstü açık olarak, ara sıra karıştırarak soğutun.

3. Bu arada filetoları karabiber serpin. Kömür veya gazlı ızgara için, biftekleri orta ateşte doğrudan ızgaraya yerleştirin. Orta pişmiş (145°F) için üzerini kapatın ve 11 ila 15 dakika veya orta pişmiş (160°F) için 14 ila 18 dakika, ızgaranın ortasında bir kez çevirerek ızgara yapın.

4. Servis yapmak için her bir filetoyu bir servis tabağına koyun. Hemen soğan karışımını filetoların üzerine eşit şekilde yayın.

IZGARA PANCARLI ANTRIKOT SALATASI

EV IŞI:20 dakika ızgara: 55 dakika dinlenme süresi: 5 dakika
Verim: 4 porsiyon

PANCARIN DÜNYEVI TADI GÜZELCE KARIŞIYORPORTAKALLARIN VE KAVRULMUŞ CEVIZLERIN TATLILIĞI, SICAK YAZ GECELERINDE AÇIK HAVADA YEMEK YEMEK IÇIN MÜKEMMEL OLAN BU ANA SALATAYA BIR GEVREKLIK KATIYOR.

1 pound orta altın ve / veya pancar, yıkanmış, kesilmiş ve takozlar halinde kesilmiş

1 küçük soğan, ince halkalar halinde kesilmiş

2 dal taze kekik

1 yemek kaşığı sızma zeytinyağı

öğütülmüş karabiber

2 8 ons kemiksiz kaburga eti, 3/4 inç kalınlığında kesilmiş

2 diş sarımsak, ikiye bölünmüş

2 yemek kaşığı Akdeniz baharatı (bkz.<u>yemek tarifi</u>)

6 su bardağı karışık salata

2 portakal, soyulmuş, dilimlenmiş ve iri doğranmış

½ su bardağı kıyılmış ceviz, kavrulmuş (bkz.<u>eğim</u>)

½ bardak hafif narenciye sosu (bkz.<u>yemek tarifi</u>)

1. Pancar dallarını, soğanı ve kekiği folyoya sarıp fırın tepsisine koyun. Yağ gezdirin ve fırlatın; hafifçe öğütülmüş karabiber serpin. Kömür veya gazlı ızgara için tavayı ızgaranın ortasına yerleştirin. Örtün ve 55 ila 60 dakika veya ara sıra karıştırarak bir bıçakla delinene kadar yumuşayana kadar ızgara yapın.

2. Bu sırada filetoların her iki tarafını da sarımsağın kesik taraflarıyla ovun; Akdeniz baharatları serpin.

3. Bifteklere yer açmak için pancarları ızgaranın ortasına getirin. Biftekleri orta ateşte doğrudan ızgaraya ekleyin. Orta pişmiş (145°F) için üzerini kapatın ve 11 ila 15 dakika veya orta pişmiş (160°F) için 14 ila 18 dakika, ızgaranın ortasında bir kez çevirerek ızgara yapın. Tavayı ve filetoları ızgaradan çıkarın. Filetoları 5 dakika dinlendirin. Kekik dallarını folyo kaplı fırın tepsisinden atın.

4. Bifteği çapraz olarak küçük parçalar halinde kesin. Sebzeleri dört servis tabağına paylaştırın. Dilimlenmiş biftek, pancar, soğan dilimleri, doğranmış portakal ve ceviz ile süsleyin. Narenciye hafif şarabını dökün.

SOTE ZENCEFILLI LAHANA ILE KORE USULÜ KABURGA

EV IŞI:50 dakika kaynatın: 25 dakika pişirin: 10 saat soğutun: Gece boyunca Verim: 4 porsiyon

HOLLANDALI FIRININIZIN KAPAĞINI KONTROL EDINÇOK UZUN BIR PIŞIRME SÜRESI BOYUNCA PIŞIRME SIVISININ KAPAK ILE TENCERE ARASINDAKI BOŞLUKTAN BUHARLAŞMAMASI IÇIN ÇOK IYI OTURUR.

1 ons kurutulmuş shiitake mantarı

1½ su bardağı kıyılmış frenk soğanı

1 Asya armutu, soyulmuş, özlü ve dilimlenmiş

1 3-inç parça taze zencefil, soyulmuş ve doğranmış

1 serrano biber, ince doğranmış (istenirse çekirdeksiz) (bkz.eğim)

5 diş sarımsak

1 yemek kaşığı rafine hindistan cevizi yağı

5 pound kemiksiz dana kaburga

taze çekilmiş karabiber

4 su bardağı dana kemik suyu (bkz.yemek tarifi) veya ilave tuz içermeyen et suyu

2 su bardağı doğranmış taze shiitake mantarı

1 yemek kaşığı ince rendelenmiş portakal kabuğu

⅓ su bardağı taze meyve suyu

Buğulanmış zencefilli lahana (bkz.yemek tarifi, altında)

İnce rendelenmiş portakal kabuğu (isteğe bağlı)

1. Fırını 325° F'ye ısıtın. Kurutulmuş shiitake mantarlarını küçük bir kaseye koyun; kaplayacak kadar kaynar su ekleyin. Yaklaşık 30 dakika veya yeniden sulanana ve pürüzsüz olana kadar bekletin. Islatma sıvısını boşaltın

ve saklayın. Mantarları ince ince doğrayın. Mantarları küçük bir kaseye koyun; 4. adımda ihtiyaç duyulana kadar üzerini kapatın ve soğutun. Mantarları ve sıvıyı bir kenara koyun.

2. Sos için yeşil soğan, armut, zencefil, serrano, sarımsak ve ayrılmış mantar ıslatma sıvısını bir mutfak robotunda birleştirin. Pürüzsüz olana kadar örtün ve işleyin. Sosu bir kenara koyun.

3. Hindistan cevizi yağını 6 litrelik bir tencerede orta-yüksek ateşte ısıtın. Kaburgaları taze çekilmiş karabiber serpin. Kaburgaları sıcak hindistancevizi yağında gruplar halinde yaklaşık 10 dakika veya her tarafı kızarana kadar kızartın ve pişirmenin yarısında çevirin. Tüm kaburgaları tencereye geri koyun; sosu ve et suyunu ekleyin. Hollandalı fırını hava geçirmez bir kapakla örtün. Yaklaşık 10 saat veya et çok yumuşayana ve kemikten düşene kadar kızartın.

4. Kaburgaları sostan dikkatlice çıkarın. Kaburgaları ve sosu ayrı kaselere koyun. Örtün ve gece boyunca soğutun. Soğuduktan sonra, sosun yüzeyindeki yağı alın ve atın. Sosu yüksek ateşte kaynatın; 1. adımdaki sulu mantarları ve taze mantarları ekleyin. Sosu azaltmak ve tatları yoğunlaştırmak için 10 dakika pişirin. Kaburgaları sosa döndürün; ısınana kadar pişirin. 1 yemek kaşığı portakal kabuğu ve portakal suyunu ekleyin. Buğulanmış zencefilli lahana ile servis yapın. İsterseniz portakal kabuğu rendesi serpin.

Kızarmış Zencefilli Lahana: 1 çorba kaşığı rafine hindistancevizi yağını büyük bir tavada orta-yüksek ateşte ısıtın. 2 yemek kaşığı kıyılmış taze zencefil ekleyin; 2 diş kıyılmış sarımsak; ve tatmak için ezilmiş kırmızı biber. Kokulu olana kadar yaklaşık 30 saniye pişirin ve karıştırın. 6 su bardağı kıyılmış napa, lahana veya kara lahana ve soyulmuş, özlü ve ince dilimlenmiş 1 Asya armutunu ekleyin. 3 dakika veya lahana hafifçe soluncaya ve armut yumuşayana kadar pişirin ve karıştırın. ½ bardak şekersiz elma suyu ekleyin. Örtün ve lahana yumuşayana kadar yaklaşık 2 dakika pişirin. ½ su bardağı kıyılmış capesta ve 1 yemek kaşığı susam ekleyin.

NARENCIYE VE REZENE GREMOLATO ILE DANA KISA KABURGA

EV IŞI:40 dakika ızgara: 8 dakika yavaş pişirme: 9 saat (düşük) veya 4,5 saat (yüksek) Verim: 4 porsiyon

GREMOLATA LEZZETLI BIR KARIŞIMDIRMAYDANOZ, SARIMSAK VE LIMON KABUĞU RENDESI, ZENGIN TEREYAĞLI LEZZETINI AYDINLATMAK IÇIN KLASIK BIR İTALYAN KIZARMIŞ DANA BUDU YEMEĞI OLAN OSSO BUCCO'NUN ÜZERINE SERPILIR. PORTAKAL KABUĞU VE TAZE REZENE YAPRAKLARININ EKLENMESIYLE, AYNISINI BU YUMUŞAK DANA KISA KABURGA ILE YAPIYOR.

PIRZOLA

- 2½ ila 3 pound kemiksiz dana kaburga
- 3 yemek kaşığı limon baharatı (bkz.yemek tarifi)
- 1 orta boy rezene ampulü
- 1 büyük soğan, büyük dilimler halinde kesilmiş
- 2 su bardağı dana kemik suyu (bkz.yemek tarifi) veya ilave tuz içermeyen et suyu
- 2 diş sarımsak, ikiye bölünmüş

FIRINLANMIŞ KABAK

- 3 yemek kaşığı sızma zeytinyağı
- 1 kilo balkabagi, soyulmuş, tohumlanmış ve ½ inçlik parçalar halinde kesilmiş (yaklaşık 2 bardak)
- 4 çay kaşığı taze kekik, şeritler halinde kesilmiş
- sızma zeytinyağı

GREMOLATA

¼ su bardağı kıyılmış taze maydanoz

2 yemek kaşığı kıyılmış sarımsak

1½ çay kaşığı ince rendelenmiş limon kabuğu rendesi

1½ çay kaşığı ince rendelenmiş portakal kabuğu

1. Kaburgaların üzerine limon otu baharatı serpin; eti parmaklarınızla hafifçe ovalayın; kenara koymak rezene yapraklarını çıkarın; Narenciye ve Rezene Gremolata rezervi. Rezene ampulünü kesin ve ikiye bölün.

2. Kömürlü ızgara için, kömürleri ızgaranın bir tarafına kısık ateşte koyun. Mangalın yanında kömür kullanmadan hafifçe ısıtmayı deneyin. Kaburgaları ızgaranın kömürsüz tarafına yerleştirin; rezene çeyreklerini ve soğan dilimlerini ızgaraya doğrudan kömürlerin üzerine yerleştirin. Örtün ve 8 ila 10 dakika veya sebzeler ve kaburgalar kızarana kadar, ızgaranın yarısında dönerek ızgara yapın. (Gazlı ızgara için, ızgarayı önceden ısıtın, ısıyı ortama düşürün. Dolaylı pişirmeye ayarlayın. Ocak kapalıyken kaburgaları ızgaraya yerleştirin; ocak açıkken rezene ve soğanı ızgaraya yerleştirin. Belirtildiği gibi örtün ve ızgara yapın.) Yeterince soğuduktan sonra şunları yapabilirsiniz: onları tut,

3. 5-6 litrelik yavaş pişiricide doğranmış rezene ve soğanı, sığır kemik suyunu ve sarımsağı birleştirin. Kaburgaları ekleyin. Örtün ve düşükte 9 ila 10 saat veya yüksekte 4½ ila 5 saat pişirin. Oluklu bir kaşık kullanarak kaburgaları tabağa aktarın; Sıcak tutmak için alüminyum folyo ile kaplayın.

4. Bu arada kabak için, orta-yüksek ateşte büyük bir tavada
   3 yemek kaşığı yağı ısıtın. Balkabağını ve 3 çay kaşığı
   kekiği ekleyin ve balkabağını kaplamak için fırlatın.
   Kabağı tek bir tabaka halinde tavaya koyun ve
   karıştırmadan yaklaşık 3 dakika veya alt tarafı kızarana
   kadar pişirin. Kabak parçalarını çevirin; yaklaşık 3
   dakika daha veya diğer taraflar kızarana kadar pişirin.
   Isıyı düşük seviyeye indirin; örtün ve 10 ila 15 dakika
   veya yumuşayana kadar pişirin. Kalan çay kaşığı taze
   kekik serpin; sızma zeytinyağı gezdirin.

5. Gremolata için, ¼ fincan yapmak için yeterince ayrılmış
   rezene yapraklarını ince ince doğrayın. Küçük bir
   kasede kıyılmış rezene yapraklarını, maydanozu,
   sarımsağı, limonu ve portakal kabuğunu karıştırın.

6. Gremolayı kaburgaların üzerine serpin. Kabak ile servis
   yapın.

SALATALIK VE HARDAL SALATASI ILE İSVEÇ USULÜ ETLI TURTALAR

EV IŞI:30 dakika Pişirme süresi: 15 dakika Verim: 4 porsiyon

BEEF À LA LINDSTROM BIR İSVEÇ HAMBURGERIDIR.GELENEKSEL OLARAK SOĞAN, KAPARI VE PANCAR TURŞUSUNA SARILIR, SOSLA VE ÇÖREK OLMADAN SERVIS EDILIR. BU BAHARATLI VERSIYON, TUZLANMIŞ PANCAR TURŞUSU VE KAPARI YERINE KAVRULMUŞ PANCARIN YERINI ALIR VE ÜZERINE KIZARMIŞ YUMURTA KONUR.

SALATALIK SALATASI
  2 çay kaşığı taze portakal suyu
  2 çay kaşığı beyaz şarap sirkesi
  1 çay kaşığı Dijon hardalı (bkz.<u>yemek tarifi</u>)
  1 yemek kaşığı sızma zeytinyağı
  1 büyük (İngiliz) çekirdeksiz salatalık, soyulmuş ve
     dilimlenmiş
  2 yemek kaşığı kıyılmış kişniş
  1 yemek kaşığı kıyılmış taze dereotu

ET EMPANADALARI
  1 pound kıyma
  ¼ su bardağı ince kıyılmış soğan
  1 yemek kaşığı Dijon hardalı (bkz.<u>yemek tarifi</u>)
  ¾ çay kaşığı karabiber
  ½ çay kaşığı öğütülmüş yenibahar
  ½ küçük pancar, kavrulmuş, soyulmuş ve ince doğranmış*
  2 yemek kaşığı sızma zeytinyağı

½ su bardağı dana kemik suyu (bkz.<u>yemek tarifi</u>) veya ilave
   tuz içermeyen et suyu

4 büyük yumurta

1 yemek kaşığı ince kıyılmış kişniş

1. Salatalık salatası için portakal suyu, sirke ve Dijon
   hardalını geniş bir kapta karıştırın. Zeytinyağını ince bir
   akıntı halinde yavaşça dökün ve sos hafifçe kalınlaşana
   kadar karıştırın. Salatalık, taze soğan ve dereotu
   ekleyin; birleşene kadar karıştırın. Servis edilene kadar
   örtün ve buz dolabında saklayın.

2. Dana köftesi için kıyma, soğan, Dijon hardalı, biber ve
   yenibaharı geniş bir kapta karıştırın. Kavrulmuş
   pancarları ekleyin ve ete eşit şekilde karışması için
   hafifçe karıştırın. Karışımı dört ½ inç kalınlığında
   köfteler haline getirin.

3. 1 çorba kaşığı zeytinyağını büyük bir tavada orta-yüksek
   ateşte ısıtın. Burgerleri yaklaşık 8 dakika veya dışı
   kızarana ve tamamen pişene kadar (160°) bir kez
   çevirerek kızartın. Köfteleri bir tabağa aktarın ve sıcak
   tutmak için gevşek bir şekilde folyo ile örtün. Sığır
   kemik suyunu ekleyin ve tavanın dibindeki kızartılmış
   parçaları sıyırmak için karıştırın. Yaklaşık 4 dakika veya
   yarı yarıya azalana kadar pişirin. Köfteleri azaltılmış
   tava suları ile fırçalayın ve tekrar gevşek bir şekilde
   örtün.

4. Tavayı durulayın ve bir kağıt havluyla silin. Kalan 1 çorba
   kaşığı zeytinyağını orta ateşte ısıtın. Yumurtaları sıcak
   yağda 3 ila 4 dakika veya beyazları katılaşana ve sarıları
   yumuşak ve akıcı olana kadar kızartın.

5. Her et köftesine bir yumurta koyun. Frenk soğanı serpin ve salatalık salatası ile servis yapın.

*İpucu: Pancarları fırında pişirmek istiyorsanız, iyice yıkayın ve bir parça alüminyum folyo üzerine koyun. Biraz zeytinyağı gezdirin. Folyoya sarın ve sıkıca kapatın. 375°F fırında yaklaşık 30 dakika veya pancarlar çatalla kolayca delinene kadar pişirin. soğumaya bırakın; deriden kayar. (Rosa 3 gün önceden pişirilebilir. Soyulmuş kavrulmuş pancarları iyice sarın ve buzdolabında saklayın.)

KAVRULMUŞ KÖK SEBZELER ILE ROKA ÜZERINDE IZGARA DANA BURGER

EV IŞI:Pişirme 40 dakika: 35 dakika Pişirme: 20 dakika Verim: 4 porsiyon

BIRÇOK KONU VARBU DOYURUCU BURGERLERIN BIR ARAYA GETIRILMESI BIRAZ ZAMAN ALIYOR, ANCAK LEZZETLERIN INANILMAZ KOMBINASYONU ÇABAYA DEĞER: KARAMELIZE SOĞAN VE MANTAR SOSU ILE TEPESINDE KAVRULMUŞ TATLI SEBZELER VE ROKA ILE SERVIS EDILEN BIR DANA KÖFTESI.

- 5 yemek kaşığı sızma zeytinyağı
- 2 su bardağı doğranmış taze mantar, krema ve/veya shiitake
- 3 sarı soğan, ince dilimlenmiş*
- 2 çay kaşığı kimyon tohumu
- 3 havuç, soyulmuş ve 1 inçlik parçalar halinde kesilmiş
- 2 yaban havucu, soyulmuş ve 1 inçlik parçalar halinde kesilmiş
- 1 meşe palamudu kabağı, ikiye bölünmüş, çekirdekleri çıkarılmış ve dilimler halinde kesilmiş
- taze çekilmiş karabiber
- 2 kilo kıyma
- ½ su bardağı ince kıyılmış soğan
- 1 yemek kaşığı tuzsuz çok amaçlı baharat karışımı
- 2 su bardağı dana kemik suyu (bkz.yemek tarifi) veya ilave tuz içermeyen et suyu
- ¼ fincan şekersiz elma suyu
- 1 ila 2 yemek kaşığı beyaz şarap sirkesi veya kuru şeri
- 1 yemek kaşığı Dijon hardalı (bkz.yemek tarifi)

1 yemek kaşığı ezilmiş taze kekik yaprağı

1 yemek kaşığı taze maydanoz, şeritler halinde kesilmiş

8 su bardağı roka yaprağı

1. Fırını 425° F'ye önceden ısıtın. Sos için 1 yemek kaşığı zeytinyağını büyük bir tavada orta-yüksek ateşte ısıtın. Mantar ekleyin; pişirin ve yaklaşık 8 dakika veya iyice kızarana ve yumuşayana kadar karıştırın. Oluklu bir kaşık kullanarak mantarları bir tabağa aktarın. Tavayı tekrar ısıtın; ısıyı orta seviyeye düşürün. Kalan 1 çorba kaşığı zeytinyağını, doğranmış soğanı ve kimyonu ekleyin. Örtün ve ara sıra karıştırarak 20 ila 25 dakika veya soğanlar yumuşak ve zengin bir şekilde kızarana kadar pişirin. (Soğanların yanmasını önlemek için ısıyı gerektiği gibi ayarlayın.)

2. Bu sırada havuç, yaban havucu ve balkabağını büyük bir fırın tepsisine koyun. 2 yemek kaşığı zeytinyağı gezdirin ve tadına göre karabiber serpin; sebzeleri sarmak için atın. 20 ila 25 dakika veya yumuşayana ve kahverengileşmeye başlayana kadar pişirin, yarıya kadar dönün. Servis yapmaya hazır olana kadar sebzeleri sıcak tutun.

3. Burgerler için kıyma, ince doğranmış soğan ve baharat karışımını geniş bir kapta birleştirin. Et karışımını dört eşit parçaya bölün ve yaklaşık ¾ inç kalınlığında köfteler haline getirin. Çok büyük bir tavada, kalan yemek kaşığı zeytinyağını orta-yüksek ateşte ısıtın. Tavaya burger ekleyin; yaklaşık 8 dakika veya her iki tarafı da kızarana kadar bir kez çevirerek pişirin. Burgerleri bir tabağa alın.

4. Tavaya karamelize soğan, mantar, dana kemik suyu, elma suyu, şeri ve Dijon hardalı ekleyin ve karıştırın. Burgerleri tavaya geri koyun. Hadi pişirelim. Burgerler tamamen pişene kadar (160°F), yaklaşık 7 ila 8 dakika pişirin. Tatmak için taze kekik, maydanoz ve karabiber ekleyin.

5. Servis yapmak için dört servis tabağının her birine 2'şer bardak roka koyun. Kızaran sebzeleri salatalara paylaştırın ve üzerlerine köfteleri dizin. Soğan karışımını köftelerin üzerine bolca yayın.

*İpucu: Mandolin dilimleyici, soğanları ince ince dilimlerken harika bir yardımcıdır.

SUSAM KABUĞUNDA DOMATESLI IZGARA DANA BURGER

EV IŞI:30 dakika dinlenme: 20 dakika Izgara: 10 dakika Verim: 4 porsiyon

SUSAM KABUĞU ILE ÇITIR ÇITIR VE ALTIN DOMATES DILIMLERIBU DUMANLI BURGERLERDE GELENEKSEL ÇÖREĞI SUSAMLA DEĞIŞTIRIN. ONLARA BIR BIÇAK VE ÇATALLA SERVIS YAPIN.

4 ½ inç dilim kırmızı veya yeşil domates*

1¼ pound yağsız kıyma

1 yemek kaşığı tütsülenmiş baharat (bkz.<u>yemek tarifi</u>)

1 büyük yumurta

¾ su bardağı badem unu

¼ su bardağı susam

¼ çay kaşığı karabiber

1 küçük kırmızı soğan, ikiye bölünmüş ve doğranmış

1 yemek kaşığı sızma zeytinyağı

¼ fincan rafine hindistan cevizi yağı

1 küçük baş Bibb marulu

Paleo ketçap (bkz.<u>yemek tarifi</u>)

Dijon hardalı (bkz.<u>yemek tarifi</u>)

1. Domates dilimlerini çift kat kağıt havlu üzerine yerleştirin. Domatesleri başka bir çift kat kağıt havluyla örtün. Kağıt havluları domateslere yapıştırmak için hafifçe bastırın. Domates suyunun bir kısmını emmesi için 20 ila 30 dakika oda sıcaklığında bekletin.

2. Bu arada, kıyma ve tütsülenmiş baharatları geniş bir kapta birleştirin. Dört yarım inç kalınlığında köfteye şekil verin.

3. Yumurtaları sığ bir kapta çatalla hafifçe çırpın. Başka bir derin olmayan kapta badem unu, susam ve karabiberi karıştırın. Her domates dilimini yumurtaya batırın ve kaplamak için çevirin. Fazla yumurtayı boşaltın. Her domates dilimini badem unu karışımına batırın ve kaplamak için çevirin. Ezilmiş domatesleri düz bir tabağa koyun; kenara koymak Soğan dilimlerini zeytinyağı ile gezdirin; soğan dilimlerini pişirme sepetine yerleştirin.

4. Kömürlü veya gazlı ızgara için, soğanları sepete ve köfteleri orta ateşte ızgaraya koyun. Örtün ve 10 ila 12 dakika ızgara yapın, aksi takdirde soğanlar kızarır ve hafifçe kömürleşir ve burgerler yapılır (160°), soğanları ara sıra karıştırın ve burgerleri bir kez çevirin.

5. Bu arada, yağı büyük bir tavada orta ateşte ısıtın. Domates dilimleri ekleyin; 8 ila 10 dakika veya altın rengi olana kadar bir kez çevirerek pişirin. (Domatesler çok çabuk kızarıyorsa, ısıyı orta-düşük seviyeye düşürün. Gerekirse daha fazla yağ ekleyin.) Kağıt havlu serili fırın tepsisine boşaltın.

6. Servis yapmak için salatayı dört servis tabağına bölün. Köfte, soğan, paleo domates sosu, Dijon hardalı ve susamlı domateslerle süsleyin.

*Not: Muhtemelen 2 büyük domatese ihtiyacınız olacak. Kırmızı domates kullanıyorsanız, olgun ama yine de biraz sert domatesleri seçin.

BABA GHANOUSH SOSLU ÇUBUK BURGERLER

BABA GHANOUSH BIR ORTADOĞU YAYILIMIDIRZEYTINYAĞI, LIMON, SARIMSAK VE TAHIN ILE IZGARA FÜME PATLICAN PÜRESI, ÖĞÜTÜLMÜŞ SUSAM EZMESI. BIR TUTAM SUSAM IYIDIR, ANCAK BIR YAĞ VEYA MACUN HALINE GETIRILDIĞINDE, ILTIHAPLANMAYA KATKIDA BULUNABILEN KONSANTRE BIR LINOLEIK ASIT KAYNAĞI HALINE GELIRLER. BURADA KULLANILAN ÇAM FISTIĞI EZMESI IYI BIR ALTERNATIFTIR.

4 adet güneşte kurutulmuş domates

1½ pound yağsız kıyma

3 ila 4 yemek kaşığı ince kıyılmış soğan

1 yemek kaşığı ince kıyılmış taze kekik ve/veya ince
    kıyılmış taze nane veya ½ çay kaşığı kuru kekik,
    ezilmiş

¼ çay kaşığı acı biber

Baba Ghanoush daldırma sosu (bkz.yemek tarifi, altında)

1. Sekiz adet 10 inçlik tahta şişi 30 dakika suda bekletin. Bu arada, küçük bir kapta domatesleri kaynar suyla kaplayın; yeniden nemlendirmek için 5 dakika bekletin. Domatesleri boşaltın ve kağıt havlularla kurulayın.

2. Büyük bir kapta doğranmış domatesleri, kıymayı, soğanı, kekik ve acı biberi birleştirin. Et karışımını sekiz porsiyona bölün; her parçayı bir top haline getirin. Şişleri sudan çıkarın; Bunu biliyorum. Bir şişin üzerine bir top geçirin ve şişin etrafında uzun bir oval

oluşturun, sivri ucun hemen altından başlayın ve diğer uçta şişi tutacak kadar boşluk bırakın. Kalan şiş ve toplarla tekrarlayın.

3. Kömürlü veya gazlı ızgara için et şişlerini orta ateşte doğrudan ızgaraya yerleştirin. Örtün ve yaklaşık 6 dakika veya bitene kadar (160°F) ızgara yapın, ızgaranın ortasında bir kez çevirin. Baba Ghanoush sos ile servis yapın.

Baba Ganuş Sos: 2 orta boy patlıcanı çeşitli yerlerinden çatalla delin. Kömür veya gazlı ızgara için patlıcanı orta ateşte doğrudan ızgara ızgarasına yerleştirin. Örtün ve 10 dakika veya her tarafı kömürleşene kadar ızgara yapın, ızgara sırasında birkaç kez çevirin. Patlıcanları çıkarın ve dikkatlice alüminyum folyoya sarın. Sarılı patlıcanı tekrar ızgaraya yerleştirin, ancak doğrudan kömürlerin üzerine değil. Örtün ve 25 ila 35 dakika daha veya ufalanana ve çok yumuşayana kadar ızgara yapın. Soğuk. Patlıcanları ikiye bölün ve posasını kazıyın; eti mutfak robotuna koyun. ¼ fincan çam fıstığı yağı ekleyin (bkz.yemek tarifi); ¼ bardak taze limon suyu; 2 diş kıyılmış sarımsak; 1 yemek kaşığı sızma zeytinyağı; 2 ila 3 yemek kaşığı şeritler halinde kesilmiş taze maydanoz; ve ½ çay kaşığı öğütülmüş kimyon. Örtün ve neredeyse pürüzsüz olana kadar işleyin. Sos ıslatmak için çok kalınsa, istenen kıvamı elde etmek için yeterli su ekleyin.

FÜME DOLMA TATLI BIBER

EV IŞI:20 dakika kaynatın: 8 dakika pişirin: 30 dakika Verim: 4 porsiyon

ONU BIR AILE FAVORISI YAPÇEKICI BIR YEMEK IÇIN RENKLI BIBER KARIŞIMI ILE. KAVRULMUŞ DOMATES, BIR YEMEĞE SAĞLIKLI BIR ŞEKILDE HARIKA BIR LEZZET KATMANIN IYI BIR ÖRNEĞIDIR. KONSERVE YAPMADAN ÖNCE (TUZSUZ) DOMATESLERI HAFIFÇE KAVURMAK LEZZETLERINI ARTIRACAKTIR.

4 büyük yeşil, kırmızı, sarı ve/veya turuncu tatlı biber

1 pound kıyma

1 yemek kaşığı tütsülenmiş baharat (bkz.<u>yemek tarifi</u>)

1 yemek kaşığı sızma zeytinyağı

1 küçük sarı soğan, doğranmış

3 diş sarımsak

1 küçük karnabahar başı, özlü ve çiçeklerine ayrılmış

1 15 ons tuz eklenmemiş doğranmış kavrulmuş domates, süzülmüş

¼ su bardağı ince kıyılmış taze maydanoz

½ çay kaşığı karabiber

⅛ çay kaşığı acı biber

½ fincan fındık kırıntısı tepesi (bkz.<u>yemek tarifi</u>, altında)

1. Fırını 375° F'ye ısıtın. Biberleri dikey olarak ikiye bölün. Sapları, tohumları ve zarları çıkarın; atmak Biber yarımlarını bir kenara koyun.

2. Kıymayı orta boy kaba koyun; baharat serpin. Ellerinizi kullanarak, baharatları yavaşça ete karıştırın.

3. Zeytinyağını büyük bir tavada orta ateşte ısıtın. Et, soğan ve sarımsak ekleyin; etler suyunu salıp, soğanlar yumuşayıncaya kadar tahta kaşıkla karıştırarak etin dağılmasını sağlayın. Tavayı ocaktan alın.

4. Karnabahar çiçeklerini mutfak robotunda ince ince işleyin. (Mutfak robotunuz yoksa karnabaharı rendeleyin.) 3 su bardağı karnabaharı ölçün. Tavadaki kıyma karışımına ekleyin. (Karnabahar kalırsa başka bir kullanım için saklayın.) Süzülmüş domates, maydanoz, karabiber ve acı biberi ekleyin.

5. Biber yarımlarını kıyma karışımıyla doldurun, hafifçe sarın ve hafifçe bastırın. Biberlerin doldurulmuş yarısını bir fırın tepsisine yayın. 30 ila 35 dakika veya biberler gevrek ve yumuşayana kadar pişirin. * Fındık kırıntıları ile süsleyin. İstenirse, servis yapmadan önce çıtır çıtır olması için 5 dakika fırına dönün.

Ceviz Kırıntı Topping: Orta-düşük ısıda orta tavada 1 çorba kaşığı sızma zeytinyağını ısıtın. 1 çay kaşığı kuru kekik, 1 çay kaşığı füme kırmızı biber ve ¼ çay kaşığı sarımsak tozu ekleyin. 1 su bardağı ince kıyılmış cevizi ekleyin. yaklaşık 5 dakika veya cevizler altın rengi kahverengi olana ve hafifçe kızarana kadar pişirin ve karıştırın. Bir veya iki tutam acı biber ekleyin. Tamamen soğumaya bırakın. Kalan pansumanı kullanıma hazır olana kadar buzdolabında hava geçirmez bir kapta saklayın. 1 bardak yapar.

*Not: Yeşil biber kullanıyorsanız 10 dakika daha pişirin.

CABERNET SOĞAN VE ROKA ILE BIZON BURGER

BIZON YAĞ ORANI ÇOK DÜŞÜKTÜRVE SIĞIR ETINDEN %30 ILA %50 DAHA HIZLI PIŞER. ET PIŞTIKTEN SONRA KIRMIZI RENGINI KORUYACAKTIR, YANI RENGI PIŞMIŞ OLDUĞU ANLAMINA GELMEZ. BIZON ÇOK YAĞSIZ OLDUĞUNDAN, 155°F'LIK BIR IÇ SICAKLIĞIN ÜZERINDE PIŞIRMEYIN.

2 yemek kaşığı sızma zeytinyağı

2 büyük tatlı soğan, ince dilimlenmiş

¾ fincan Cabernet Sauvignon veya diğer sek kırmızı şarap

1 çay kaşığı Akdeniz baharatı (bkz.<u>yemek tarifi</u>)

¼ su bardağı sızma zeytinyağı

¼ fincan balzamik sirke

1 yemek kaşığı ince kıyılmış maydanoz

1 yemek kaşığı kıyılmış taze fesleğen

1 küçük diş sarımsak, kıyılmış

1 kiloluk yer bizonu

¼ fincan fesleğen pesto (bkz.<u>yemek tarifi</u>)

5 su bardağı roka

Tuzsuz çiğ fıstık, kavrulmuş (bkz.<u>eğim</u>)

1. 2 yemek kaşığı yağı büyük bir tavada orta-düşük ateşte ısıtın. Soğan ekleyin. 10 ila 15 dakika veya soğan yumuşayana kadar ara sıra karıştırarak kapağı kapalı olarak pişirin. Keşfetmek; orta-yüksek ateşte 3 ila 5 dakika veya soğan altın rengi olana kadar pişirin ve karıştırın. Şarap ekleyin; yaklaşık 5 dakika veya şarabın

çoğu buharlaşana kadar pişirin. Akdeniz baharatları serpin; sıcak tutmak.

2. Bu arada salata sosu için ¼ fincan zeytinyağı, sirke, arpacık soğanı, fesleğen ve sarımsağı vidalı bir kapta birleştirin. Örtün ve iyice çalkalayın.

3. Büyük bir kapta öğütülmüş bizonu ve fesleğen pesto sosunu hafifçe karıştırın. Et karışımını dört ¾ inçlik köfteye hafifçe şekillendirin.

4. Kömürlü veya gazlı ızgara için, köfteleri doğrudan orta ateşte hafifçe yağlanmış bir ızgara ızgarasına yerleştirin. Üzerini örtün ve istenen pişene kadar yaklaşık 10 dakika ızgara yapın (orta pişmiş için 145°F veya orta pişmiş için 155°F), yarıya kadar çevirin.

5. Rokayı geniş bir kaseye koyun. Roka üzerine salata sosu dökün; bir ceket atın. Servis yapmak için soğanları dört servis tabağına bölün; her birini bir bizon köftesi ile doldurun. Burgerleri roka ile kaplayın ve antep fıstığı serpin.

PAZI VE TATLI PATATES ÜZERINDE BIZON VE KUZU SOMUN

EV IŞI:1 saat pişirme: 20 dakika pişirme: 1 saat dinlenme: 10 dakika Verim: 4 porsiyon

BU ESKI MODA RAHAT YEMEKMODERN BIR DOKUNUŞLA. KIRMIZI ŞARAP SOSU KIYILMIŞ PUNÇ EKLERKEN, KAJU KREMASI VE HINDISTANCEVIZI YAĞI ILE SARIMSAK PAZI VE TATLI PATATES PÜRESI INANILMAZ BESIN DEĞERI SAĞLAR.

2 yemek kaşığı zeytinyağı

1 su bardağı ince kıyılmış porçini mantarı

½ su bardağı ince kıyılmış kırmızı soğan (1 orta boy)

½ su bardağı ince kıyılmış kereviz (1 sap)

⅓ su bardağı ince doğranmış havuç (1 küçük)

½ küçük elma, temizlenmiş, soyulmuş ve dilimlenmiş

2 diş ezilmiş sarımsak

½ çay kaşığı Akdeniz baharatı (bkz.<u>yemek tarifi</u>)

1 büyük yumurta, hafifçe dövülmüş

1 yemek kaşığı taze adaçayı, şeritler halinde kesilmiş

1 yemek kaşığı taze kekik, şeritler halinde kesilmiş

8 ons öğütülmüş bizon

8 ons öğütülmüş kuzu veya sığır eti

¾ fincan sek kırmızı şarap

1 orta boy arpacık soğan, ince kıyılmış

¾ su bardağı sığır kemik suyu (bkz.<u>yemek tarifi</u>) veya ilave tuz içermeyen et suyu

tatlı patates püresi (bkz.<u>yemek tarifi</u>, altında)

Sarımsaklı pazı (bkz.<u>yemek tarifi</u>, altında)

1. Fırını 350° F'ye ısıtın. Yağı büyük bir tavada orta ateşte
   ısıtın. Mantar, soğan, kereviz ve havuç ekleyin; pişirin
   ve yaklaşık 5 dakika veya sebzeler yumuşayana kadar
   karıştırın. Isıyı düşük seviyeye indirin; rendelenmiş
   elma ve sarımsağı ekleyin. Kapağı kapalı olarak yaklaşık
   5 dakika veya sebzeler yumuşayana kadar pişirin.
   Ateşten alın; Akdeniz baharatını ekleyin.

2. Oluklu bir kaşık kullanarak mantar karışımını büyük bir
   kaseye aktarın ve yağı tavada bırakın. Yumurta, adaçayı
   ve kekiği ekleyin. Kıyma bizonu ve kıyma kuzu ekleyin;
   hafifçe karıştırın. Et karışımını 2 litrelik dikdörtgen bir
   pişirme kabına koyun; 7 x 4 inçlik bir dikdörtgen
   oluşturun. Yaklaşık 1 saat veya anında okunan bir
   termometre 155 ° F'yi kaydedene kadar pişirin. 10
   dakika bekletin. Köfteyi dikkatlice çıkarıp servis
   tabağına alın. Örtün ve sıcak tutun.

3. Tavadaki sos için tavadaki yağlı ve çıtır parçaları tavadaki
   ayrılmış yağa sıyırın. Şarap ve arpacık ekleyin. Orta
   ateşte kaynatın; yarı yarıya azalana kadar pişirin. Sığır
   kemik suyu ekleyin; yarı yarıya azalana kadar pişirin ve
   karıştırın. Tavayı ocaktan alın.

4. Servis yapmak için patates püresini dört servis tabağına
   paylaştırın; biraz sarımsak pazı serpin. bir dilim köfte;
   Dilimleri sarımsaklı pazı üzerine yerleştirin ve sosu
   gezdirin.

Patates Püresi: 4 adet orta boy tatlı patatesin kabuklarını
   soyun ve irice doğrayın. Büyük bir tencerede,
   patatesleri üzerini kapatacak kadar kaynar suda 15
   dakika veya yumuşayana kadar pişirin; serbest

bırakmak. Patates ezici ile ezin. ½ fincan kaju kreması ekleyin (bkz.<u>yemek tarifi</u>) ve 2 yemek kaşığı rafine edilmemiş hindistancevizi yağı; pürüzsüz olana kadar püre. Sıcak kalmak.

Sarımsaklı pazı: 2 demet İsviçre pazısının saplarını çıkarın ve atın. Yaprakları büyük parçalar halinde kesin. Orta ateşte büyük bir tavada 2 yemek kaşığı zeytinyağını ısıtın. Pazı ve 2 diş ezilmiş sarımsak ekleyin; maşa ile ara sıra karıştırarak pazı yumuşayana kadar pişirin.

KABAK PAPPARDELLE ILE ELMA VE FRENK ÜZÜMÜ ILE KAVRULMUŞ BIZON KÖFTE

EV IŞI:25 dakika pişirin: 15 dakika kaynatın: 18 dakika Verim: 4 porsiyon

KÖFTELER ÇOK ISLANACAKONLARI TASARLADIĞINIZDA. ET KARIŞIMININ ELLERINIZE YAPIŞMASINI ÖNLEMEK IÇIN, ELINIZIN ALTINDA BIR KASE SOĞUK SU BULUNDURUN VE ÇALIŞIRKEN ARA SIRA ELLERINIZI ISLATIN. KÖFTE HAZIRLANIRKEN SUYU BIRKAÇ KEZ DEĞIŞTIRIN.

KÖFTELER

Zeytin yağı

½ su bardağı iri kıyılmış kırmızı soğan

2 diş ezilmiş sarımsak

1 yumurta, hafifçe çırpılmış

½ su bardağı ince kıyılmış mantar ve sapları

2 yemek kaşığı kıyılmış taze İtalyan (yassı) maydanoz

2 çay kaşığı zeytinyağı

1 kiloluk yer bizonu (varsa kaba öğütülmüş)

ELMA VE FRENK ÜZÜMÜ SOSU

2 yemek kaşığı zeytinyağı

2 büyük Granny Smith elması, soyulmuş, özlü ve ince kıyılmış

2 kıyılmış arpacık

2 yemek kaşığı taze limon suyu

½ su bardağı tavuk kemiği suyu (bkz.yemek tarifi) veya ilave tuz içermeyen tavuk suyu

2 ila 3 yemek kaşığı kuru üzüm

KABAK PAPPARDELLE

6 kabak

2 yemek kaşığı zeytinyağı

¼ fincan ince kıyılmış frenk soğanı

½ çay kaşığı öğütülmüş kırmızı biber

2 diş ezilmiş sarımsak

1. Köfteler için, fırını 375° F'ye ısıtın. Çerçeveli fırın tepsisine hafifçe zeytinyağı sürün; kenara koymak Soğanı ve sarımsağı bir mutfak robotu veya karıştırıcıda karıştırın. Pürüzsüz olana kadar nabız atın. Soğan karışımını orta boy bir kaseye aktarın. Yumurta, mantar, maydanoz ve 2 çay kaşığı yağ ekleyin; birleştirmek için karıştırın. Yer bizonu ekleyin; hafifçe ama iyice karıştırın. Et karışımını 16 parçaya bölün; köfte haline getirin. Hazırlanan fırın tepsisine köfteleri eşit şekilde yayın. 15 dakika pişirin; kenara koymak

2. Sos için 2 yemek kaşığı yağı orta ateşte bir tavada kızdırın. Elma ve arpacık ekleyin; 6 ila 8 dakika veya çok yumuşak olana kadar pişirin ve karıştırın. Limon suyu ekleyin. Karışımı bir mutfak robotuna veya karıştırıcıya aktarın. Pürüzsüz olana kadar örtün ve işleyin veya karıştırın; tavaya geri dönün. Tavuk kemik suyu ve kuş üzümü ekleyin. Kaynatın; ısıyı azaltın. Sık sık karıştırarak 8 ila 10 dakika pişirin. Köfte ekleyin; pişene kadar kısık ateşte karıştırarak pişirin.

3. Bu sırada pappardelle için kabakların uç kısımlarını kesin. Çok keskin bir mandolin veya sebze soyacağı kullanarak kabağı ince şeritler halinde dilimleyin. (Şeritleri sağlam tutmak için balkabağının ortasındaki çekirdeklere geldiğinizde tıraş etmeyi bırakın.) 2 yemek

kaşığı yağı çok büyük bir tavada orta ateşte ısıtın. Taze soğan, ezilmiş kırmızı biber ve sarımsak ekleyin; 30 saniye pişirin ve karıştırın. Kabak şeritlerini ekleyin. Pişirin ve yaklaşık 3 dakika veya yumuşayana kadar hafifçe karıştırın.

4. Servis yapmak için pappardella'yı dört servis tabağına bölün; köfte ve elma-kuş üzümü sosu ile tepesinde.

KAVRULMUŞ SARIMSAKLI SPAGETTI ILE BISON PORCINI BOLOGNESE

EV IŞI:Pişirme 30 dakika: 1 saat Pişirme 30 dakika: 35 dakika
Verim: 6 porsiyon

YEDIĞINI DÜŞÜNDÜYSENPALEO DIET®'I BENIMSEDIKTEN SONRA SON TABAK ET SOSLU SPAGETTINIZI TEKRAR DÜŞÜNÜN. SARIMSAK, KIRMIZI ŞARAP VE DÜNYEVI MANTARLARLA ÇEŞNILENDIRILEN BU ZENGIN BOLONEZ, TATLI VE TUZLU SPAGETTI KABAK ŞERITLERININ ÜZERINE KATMANLANMIŞTIR. MAKARNA ILE HIÇBIR ŞEYI KAÇIRAMAZSINIZ.

- 1 ons kurutulmuş porçini mantarı
- 1 su bardağı kaynar su
- 3 yemek kaşığı sızma zeytinyağı
- 1 kiloluk yer bizonu
- 1 su bardağı ince doğranmış havuç (2)
- ½ su bardağı doğranmış soğan (1 orta boy)
- ½ su bardağı ince kıyılmış kereviz (1 sap)
- 4 diş sarımsak, doğranmış
- 3 yemek kaşığı tuzsuz domates püresi
- ½ fincan kırmızı şarap
- 2 adet 15 onsluk konserve tuz eklenmemiş ezilmiş domates
- 1 çay kaşığı ezilmiş kurutulmuş kekik
- 1 çay kaşığı kuru kekik, öğütülmüş
- ½ çay kaşığı karabiber
- 1 orta boy spagetti kabağı (2½ ila 3 pound)
- 1 soğan sarımsak

1. Mantarları ve kaynar suyu küçük bir kapta birleştirin; 15
   dakika dinlendirin. %100 pamuklu tülbentle kaplı bir
   kevgirden süzün ve ıslatma sıvısını ayırın. Mantarları
   dilimleyin; vermek

2. 1 çorba kaşığı zeytinyağını 4-5 litrelik bir tavada orta
   ateşte ısıtın. Öğütülmüş bizonu, havuçları, soğanları,
   kerevizi ve sarımsağı ekleyin. Etler suyunu salıp,
   sebzeler yumuşayıncaya kadar tahta kaşıkla
   karıştırarak etin dağılmasını sağlayın. Salça ekleyin; 1
   dakika karıştırarak pişirin. Kırmızı şarap ekleyin; 1
   dakika karıştırarak pişirin. Mantar, domates, kekik,
   kekik ve biberi ekleyin. Tencerenin dibinde olabilecek
   taş veya kum eklememeye dikkat ederek mantarlardan
   ayrılmış sıvıyı ekleyin. Ara sıra karıştırarak kaynatın;
   ısıyı düşük seviyeye indirin. 1½ ila 2 saat veya istenen
   kalınlığa kadar üzeri kapalı olarak pişirin.

3. Bu arada, fırını 375° F'ye ısıtın. Kabağı uzunlamasına
   ikiye bölün; tohumları kazıyın. Kabak yarımlarını, kesik
   tarafları aşağı gelecek şekilde geniş bir fırın tepsisine
   yerleştirin. Cildin her yerini bir çatalla delin. Sarımsak
   başının üst kısmını ½ inç kadar kesin. Sarımsakları
   kesik tarafları yukarı gelecek şekilde fırın tepsisine
   kabakların yanına yerleştirin. Kalan yemek kaşığı
   zeytinyağı ile gezdirin. 35 ila 45 dakika veya balkabağı
   ve sarımsak yumuşayana kadar pişirin.

4. Bir kaşık ve çatal kullanarak, her kabak yarısının etini
   çıkarın ve ezin; bir kaseye aktarın ve sıcak tutmak için
   üzerini örtün. Sarımsak işlenecek kadar soğuduğunda,
   karanfilleri çıkarmak için soğanın altını sıkın. Sarımsak

karanfillerini bir çatalla ezin. Preslenmiş sarımsağı balkabağına dökün, sarımsağı eşit şekilde dağıtın. Servis yapmak için sosu kabak karışımının üzerine dökün.

BIZON CHILI CON CARNE

ŞEKERSIZ ÇIKOLATA, KAHVE VE TARÇINBU DOYURUCU FAVORIYE ILGI KATIN. DAHA DA DUMANLI BIR TAT IÇIN, NORMAL KIRMIZI BIBERI 1 YEMEK KAŞIĞI TATLI FÜME KIRMIZI BIBERLE DEĞIŞTIRIN.

3 yemek kaşığı sızma zeytinyağı

1 kiloluk yer bizonu

½ su bardağı doğranmış soğan (1 orta boy)

2 diş ezilmiş sarımsak

2 kutu 14,5 ons doğranmış domates, tuz eklenmemiş, süzülmemiş

16 onsluk tuzsuz domates salçası

1 su bardağı dana kemik suyu (bkz.<u>yemek tarifi</u>) veya ilave tuz içermeyen et suyu

½ fincan sert kahve

2 ons %99 kakao parçacıkları, doğranmış

1 çay kaşığı kırmızı biber

1 çay kaşığı öğütülmüş kimyon

1 çay kaşığı kurutulmuş kekik

1½ çay kaşığı tütsülenmiş baharat (bkz.<u>yemek tarifi</u>)

½ çay kaşığı öğütülmüş tarçın

⅓ su bardağı pepitas

1 çay kaşığı zeytinyağı

½ su bardağı kaju kreması (bkz.<u>yemek tarifi</u>)

1 çay kaşığı taze limon suyu

½ su bardağı taze kişniş yaprağı

4 dilim kireç

1. Orta ateşte bir tavada 3 yemek kaşığı zeytinyağını ısıtın. Öğütülmüş bizonu, soğanı ve sarımsağı ekleyin; etin parçalanması için tahta kaşıkla karıştırarak yaklaşık 5 dakika veya et kızarana kadar pişirin. Olgunlaşmamış domatesleri, salçayı, dana kemik suyunu, kahveyi, kabartma çikolatasını, kırmızı biberi, kimyonu, kekik, 1 çay kaşığı yenibahar ve tarçını ekleyin. Kaynatın; ısıyı azaltın. Ara sıra karıştırarak 1 saat kapağı kapalı olarak pişirin.

2. Bu sırada küçük bir tavada orta ateşte pepitaları 1 çay kaşığı zeytinyağında patlayıp kahverengileşene kadar kızartın. Kabak çekirdeklerini küçük bir kaseye koyun; kalan ½ çay kaşığı tütsülenmiş baharatı ekleyin; bir ceket atın.

3. Küçük bir kapta kaju kreması ve misket limonu suyunu karıştırın.

4. Servis etmek için biberleri kaselere dökün. Kaju kreması, pepita ve kişniş ile üst kısım. Kireç dilimleri ile servis yapın.

IZGARA LIMONLU FAS BAHARATLI BIZON BIFTEĞI

BU HIZLI BIFTEKLERI SERVIS EDINBAHARATLI TAZE VE KITIR HAVUÇ SALATASI ILE (BKZ.YEMEK TARIFI). BIR ZIYAFET ISTIYORSANIZ, HINDISTANCEVIZI KREMALI IZGARA ANANAS (BKZ.YEMEK TARIFI) YEMEĞI BITIRMEK IÇIN HARIKA BIR YOL OLURDU.

2 yemek kaşığı öğütülmüş tarçın

2 kaşık kırmızı biber

1 yemek kaşığı sarımsak tozu

¼ çay kaşığı acı biber

4 6 ons bizon fileto mignon biftek, ¾ ila 1 inç kalınlığında dilimler halinde kesilmiş

2 limon, yatay olarak ikiye bölünmüş

1. Küçük bir kapta tarçın, kırmızı biber, sarımsak tozu ve acı biberi karıştırın. Biftekleri kağıt havluyla kurulayın. Filetoların her iki tarafını baharat karışımıyla kaplayın.

2. Kömürlü veya gazlı ızgara için, biftekleri orta ateşte doğrudan ızgaraya yerleştirin. Orta (145°F) için 10 ila 12 dakika veya orta (155°F) için 12 ila 15 dakika üzerini örtün ve ızgara yapın, pişirmenin ortasında bir kez çevirin. Bu arada, yarım limonları kesik tarafları alta gelecek şekilde tel ızgaranın üzerine yerleştirin. 2 ila 3 dakika veya hafifçe kömürleşene ve sulu olana kadar ızgara yapın.

3. Bifteklerin üzerine çekilmiş ızgara limon dilimleri ile servis yapın.

PROVENCE OTLAR ILE RENDELENMIŞ BIZON BIFTEK

EV IŞI:15 dakika pişirme: 15 dakika soteleme: 1 saat 15 dakika dinlenme: 15 dakika Verim: 4 porsiyon

HERBES DE PROVENCE BIR KARISIMDIRFRANSA'NIN GÜNEYINDE BOL MIKTARDA YETISEN KURUTULMUS OTLAR. KARISIM GENELLIKLE FESLEGEN, REZENE TOHUMU, LAVANTA, MERCANKÖSK, BIBERIYE, ADAÇAYI, ADAÇAYI VE KEKIGIN BIR KOMBINASYONUNU IÇERIR. BU AMERIKAN ROSTOSUNU HARIKA BIR SEKILDE BAHARATLIYOR.

1 3 kiloluk kızarmış bizon

3 yemek kaşığı Provence otları

4 yemek kaşığı sızma zeytinyağı

3 diş sarımsak

4 küçük yaban havucu, soyulmuş ve doğranmış

2 olgun armut, soyulmuş ve dilimlenmiş

½ fincan şekersiz armut nektarı

1 ila 2 çay kaşığı taze kekik

1. Fırını 375° F'ye ısıtın. Karaciğerdeki yağı kesin. Küçük bir kapta Provence otlarını, 2 yemek kaşığı zeytinyağını ve sarımsağı birleştirin; kabartma tozu ile yayın.

2. Kızartmayı derin olmayan bir fırın tepsisine tel ızgara üzerine yerleştirin. Kızartmanın ortasına bir fırın termometresi yerleştirin. * 15 dakika üstü açık olarak pişirin. Fırın sıcaklığını 300° F'ye düşürün. 60 ila 65 dakika daha veya bir et termometresi 140° F (orta

pişmiş) kaydedene kadar pişirin. Alüminyum folyo ile örtün ve 15 dakika bekletin.

3. Bu arada kalan 2 yemek kaşığı zeytinyağını büyük bir tavada orta ateşte ısıtın. Yaban havucu ve armut ekleyin; ara sıra karıştırarak 10 dakika veya yaban havucu yumuşayana kadar pişirin. Armut nektarı ekleyin; yaklaşık 5 dakika veya sos hafifçe kalınlaşana kadar pişirin. Kekik serpin.

4. Kızartmayı damar boyunca ince dilimler halinde kesin. Eti yaban havucu ve armutla servis ediyoruz.

*İpucu: Bizon çok yağsızdır ve sığır etinden daha hızlı pişer. Ek olarak, etin rengi sığır etinden daha kırmızıdır, bu nedenle pişmiş olup olmadığını belirlemek için görsel işaretlere güvenemezsiniz. Etin ne zaman yapıldığını bilmek için bir et termometresine ihtiyacınız olacak. Gerekli olmasa da bir fırın termometresi idealdir.

MANDALINA GREMOLATA VE KEREVIZ KÖKÜ PÜRESI ILE KAHVEDE PISIRILMIS BIZON KABURGALARI

EV ISI:Pişirme süresi: 15 dakika: 2 saat 45 dakika Verim: 6 porsiyon

BIZON KABURGALARI BÜYÜK VE ETLIDIR.YUMUSATMAK IÇIN SIVI IÇINDE IYI BIR UZUN KAYNAMAYA IHTIYAÇ DUYARLAR. MANDALINA KABUKLU GREMOLATA, BU GÜÇLÜ YEMEGIN LEZZETINI ARTIRIYOR.

TURSUSU
  2 bardak su
  3 fincan sert, soğuk kahve
  2 su bardağı taze mandalina suyu
  2 yemek kaşığı şeritler halinde kesilmiş taze biberiye
  1 çay kaşığı iri çekilmiş karabiber
  4 pound bizon kaburga, ayırmak için kaburgalar arasında
      kesilmiş

GÜVEÇ
  2 yemek kaşığı zeytinyağı
  1 çay kaşığı karabiber
  2 bardak doğranmış soğan
  ½ bardak kıyılmış arpacık
  6 diş doğranmış sarımsak
  1 adet jalapeno biberi, çekirdekleri çıkarılmış ve doğranmış
      (bkz.eğim)
  1 fincan sert kahve
  1 su bardağı dana kemik suyu (bkz.yemek tarifi) veya ilave
      tuz içermeyen et suyu

¼ fincan paleo domates sosu (bkz.<u>yemek tarifi</u>)

2 yemek kaşığı Dijon hardalı (bkz.<u>yemek tarifi</u>)

3 yemek kaşığı elma sirkesi

Kereviz kökü püresi (bkz.<u>yemek tarifi</u>, altında)

Mandalina Gremolata (bkz.<u>yemek tarifi</u>, kanun)

1. Marine için su, soğuk kahve, mandalina suyu, biberiye ve karabiberi büyük, tepkimeye girmeyen bir kapta (cam veya paslanmaz çelik) birleştirin. Kaburgaları ekleyin. Gerekirse, su altında kalmaları için kaburgaların üzerine bir tabak yerleştirin. 4 ila 6 saat boyunca örtün ve soğutun, bir kez fırlatıp atın.

2. Kızartmak için fırını 325° F'ye ısıtın. Kaburgaları boşaltın ve turşuyu atın. Kaburgaları kağıt havlularla kurulayın. Büyük bir Hollanda fırınında zeytinyağını orta-yüksek ateşte ısıtın. Kaburgaları karabiberle tatlandırın. Her tarafta yaklaşık 5 dakika kızarana kadar kaburgaları partiler halinde pişirin. Büyük bir tabağa aktarın.

3. Soğanı, arpacık soğanı, sarımsağı ve jalapenoyu tencereye ekleyin. Isıyı orta seviyeye düşürün, örtün ve sebzeler yumuşayana kadar ara sıra karıştırarak yaklaşık 10 dakika pişirin. Kahve ve et suyu ekleyin; Kızarmış parçaları karıştırın ve kazıyın. Paleo ketçap, Dijon hardalı ve sirkeyi ekleyin. Hadi pişirelim. Kaburgaları ekleyin. Örtün ve fırına aktarın. Et yumuşayana kadar yaklaşık 2 saat 15 dakika hafifçe karıştırarak ve kaburgaları bir veya iki kez çevirerek pişirin.

4. Kaburgaları bir tabağa aktarın; sıcak tutmak için alüminyum folyo ile çadır. Sosun yüzeyindeki yağı bir kaşıkla topluyoruz. Sosu 2 bardağa düşene kadar

yaklaşık 5 dakika kaynatın. Kereviz püresini 6 tabağa paylaştırın; kaburga ve sos ile doldurun. Mandalina Gremolata serpin.

Kereviz Kökü Püresi: Büyük bir tencerede, 3 kilo kereviz kökü, soyulmuş ve 1 inçlik parçalar halinde kesilmiş ve 4 bardak tavuk kemiği suyunu birleştirin (bkz.yemek tarifi) veya tuzsuz tavuk suyu. Kaynatın; ısıyı azaltın. Kereviz kökünü boşaltın ve suyu ayırın. Kereviz kökünü tavaya geri koyun. 1 çorba kaşığı zeytinyağı ve 2 çay kaşığı kıyılmış taze kekik ekleyin. Kereviz kökünü bir patates ezici ile ezin ve istenen kıvama ulaşmak için gerektiği kadar ayrılmış stoktan birkaç yemek kaşığı ekleyin.

Mandalina Gremolata: Küçük bir kapta ½ fincan kıyılmış taze maydanoz, 2 yemek kaşığı ince rendelenmiş mandalina kabuğu ve 2 diş kıyılmış sarımsağı birleştirin.

SIGIR KEMIK SUYU

EV ISI:25 dakika Pişirme: 1 saat Pişirme: 8 saat Verim: 8 ila 10 bardak

KEMIKSIZ ÖKÜZ KUYRUGU, SON DERECE ZENGIN AROMALI BIR ÇORBA YAPAR.ET SUYU GEREKTIREN HERHANGI BIR TARIFTE KULLANILABILIR VEYA GÜNÜN HERHANGI BIR SAATINDE SADECE BIR FINCAN OLARAK IÇILEBILIR. ESKIDEN BIR ÖKÜZDEN GELMELERINE RAGMEN, ÖKÜZ KUYRUGU ARTIK BIR ET HAYVANINDAN GELIYOR.

5 havuç, doğranmış

5 sap kereviz, kabaca doğranmış

2 sarı soğan, soyulmamış, ikiye bölünmüş

8 ons beyaz mantar

1 diş sarımsak, soyulmamış, ikiye bölünmüş

2 pound dana kuyruğu veya sığır kemikleri

2 domates

12 su bardağı soğuk su

3 defne yaprağı

1. Fırını 400° F'ye önceden ısıtın. Havuç, kereviz, soğan, mantar ve sarımsağı geniş kenarlı bir fırın tepsisine veya sığ bir fırın tepsisine yerleştirin; kemikleri sebzelerin üzerine yerleştirin. Domatesleri bir mutfak robotunda pürüzsüz olana kadar işleyin. Domatesleri kemiklerin üzerine gelecek şekilde yayın (pürenin bir kısmı tavaya ve sebzelere damlarsa sorun olmaz). 1 ila 1½ saat veya kemikler kızarana ve sebzeler karamelleşene kadar ızgara yapın. Kemikleri ve sebzeleri 10-12 litrelik bir tencereye veya fırına aktarın.

(Domatesli karışımın bir kısmı tencerenin dibinde karamelleşirse tavaya 1 su bardağı sıcak su ekleyip uçlarını sıyırın. Sıvıyı kemik ve sebzelerin üzerine dökün ve suyu 1 su bardağı azaltın.) .

2. Karışımı orta-yüksek ateşte yavaşça kaynatın. Isıyı azaltın; çorbayı örtün ve ara sıra karıştırarak 8 ila 10 saat pişirin.

3. Çorbayı süzün; kemikleri ve sebzeleri atın. taze çorba; çorbayı saklama kaplarına aktarın ve 5 güne kadar buzdolabında saklayın; 3 aya kadar dondurun. *

Yavaş Pişirici Talimatları: 6-8 litrelik bir yavaş pişirici için 1 pound sığır kemiği, 3 havuç, 3 sap kereviz, 1 sarı soğan ve 1 diş sarımsak kullanın. 1 adet domatesi rendeleyip kemiklerin üzerine yayın. Talimatlara göre ızgara yapın, ardından kemikleri ve sebzeleri yavaş pişiriciye aktarın. Karamelize domatesleri talimatlara göre rendeleyin ve yavaş pişiriciye ekleyin. Üzerini kapatacak kadar su ekleyin. Çorba yaklaşık 4 saat kaynamaya başlayana kadar örtün ve yüksek ateşte pişirin. Isıyı düşük seviyeye indirin; 12 ila 24 saat pişiriyoruz. Suyu süzün; kemikleri ve sebzeleri atın. Talimatlara göre saklayın.

*İpucu: Çorbanın yağını kolayca çıkarmak istiyorsanız, üzeri kapalı bir kapta gece boyunca buzdolabına koyun. Yağ yukarı doğru yükselecek ve kolayca kazınabilecek katı bir tabaka oluşturacaktır. Soğuduktan sonra çorba koyulaşabilir.

BAHARATLI PATATES KIZARTMASI ILE TUNUS BAHARATLI DOMUZ OMZU

EV IŞI:25 dakika pişirin: 4 saat pişirin: 30 dakika Verim: 4 porsiyon

HARIKA YEMEKSOĞUK BIR SONBAHAR GÜNÜNDE. ET FIRINDA SAATLERCE PIŞER, EVINIZIN MIS GIBI KOKMASINI SAĞLAR VE SIZE BAŞKA ŞEYLER YAPMANIZ IÇIN ZAMAN TANIR. FIRINDA TATLI PATATESLER, BEYAZ PATATESLERIN ÇITIRLIĞINA SAHIP DEĞILDIR, ANCAK ÖZELLIKLE SARIMSAK MAYONEZINE BATIRILDIKLARINDA KENDI YOLLARIYLA LEZZETLIDIRLER.

DOMUZ ETI

- 1 2½ ila 3 pound kemikli domuz omzu
- 2 çay kaşığı öğütülmüş ancho chilies
- 2 çay kaşığı öğütülmüş kimyon
- 1 çay kaşığı kimyon tohumu, hafifçe ezilmiş
- 1 çay kaşığı öğütülmüş kişniş
- ½ çay kaşığı öğütülmüş zerdeçal
- ¼ çay kaşığı öğütülmüş tarçın
- 3 yemek kaşığı zeytinyağı

CIPS

- 4 orta boy tatlı patates (yaklaşık 2 pound), soyulmuş ve ½ inç kalınlığında dilimler halinde kesilmiş
- ½ çay kaşığı öğütülmüş kırmızı biber
- ½ çay kaşığı soğan tozu
- ½ çay kaşığı sarımsak tozu
- Zeytin yağı

1 soğan, ince kıyılmış

Paleo Aïoli (sarımsaklı mayonez) (bkz.<u>yemek tarifi</u>)

1. Fırını 300° F'ye ısıtın. Etin yağını kesin. Küçük bir kapta, öğütülmüş ancho chilies, öğütülmüş kimyon, kimyon tohumları, kişniş, zerdeçal ve tarçını birleştirin. Eti baharat karışımıyla serpin; Eti parmaklarınızla eşit şekilde yayın.

2. 5-6 litrelik fırına dayanıklı bir tencerede 1 çorba kaşığı zeytinyağını orta-yüksek ateşte ısıtın. Domuz eti kızgın yağda her taraftan kızartın. Örtün ve yaklaşık 4 saat veya et çok yumuşayana ve bir et termometresi 190°F'yi gösterene kadar pişirin Hollandalı fırını fırından çıkarın. Hollandalı fırında 1 çorba kaşığı yağ bırakarak, kızartmaları ve soğanları hazırlarken üstü kapalı olarak bekletin.

3. Fırın sıcaklığını 400° F'ye yükseltin. Tatlı patates kızartması için, tatlı patatesleri, kalan 2 yemek kaşığı zeytinyağını, ezilmiş kırmızı biberi, soğan tozunu ve sarımsak tozunu büyük bir kapta birleştirin; bir ceket atın. Bir büyük veya iki küçük fırın tepsisini alüminyum folyo ile kaplayın; ekstra zeytinyağı ile fırçalayın. Tatlı patatesleri hazırlanan fırın tepsilerine tek bir tabaka halinde yayın. Yaklaşık 30 dakika veya yumuşayana kadar pişirin, tatlı patatesleri pişirme işleminin yarısında çevirin.

4. Bu sırada eti Hollanda fırınından çıkarın; Sıcak tutmak için alüminyum folyo ile kaplayın. Yağı boşaltın, 1 çorba kaşığı yağ ayırın. İşlenmiş yağı Hollanda fırınına geri

koyun. soğan ekleyin; orta ateşte yaklaşık 5 dakika veya yumuşayana kadar ara sıra karıştırarak pişirin.

5. Domuz etini ve soğanı servis tabağına alın. İki çatal kullanarak domuz etini büyük parçalara ayırın. Çekilmiş domuz eti ve patates kızartmasını Paleo Aïoli ile servis edin.

KÜBA IZGARA DOMUZ OMUZ

EV IŞI:15 dakika Marine etme: 24 saat Izgara: 2 saat 30 dakika
Dinlendirme: 10 dakika Verim: 6 ila 8 porsiyon

MENŞE ÜLKESINDE "LECHÓN ASADO" OLARAK BILINEN,BU
DOMUZ ROSTOSU, TAZE NARENCIYE SULARI, BAHARATLAR,
EZILMIŞ KIRMIZI BIBER VE BÜTÜN BIR SOĞAN KIYILMIŞ
SARIMSAK KOMBINASYONUNDA MARINE EDILIR. GECEDEN
MARINEDE BEKLETILDIKTEN SONRA KIZGIN KÖMÜRLERIN
ÜZERINDE PIŞIRILEREK INANILMAZ BIR LEZZET KAZANIYOR.

1 diş sarımsak, dişleri ayrılmış, soyulmuş ve doğranmış

1 su bardağı iri kıyılmış soğan

1 su bardağı zeytinyağı

1⅓ fincan taze limon suyu

⅔ bardak taze portakal suyu

1 yemek kaşığı öğütülmüş kimyon

1 yemek kaşığı kurutulmuş kekik, ezilmiş

2 çay kaşığı taze çekilmiş karabiber

1 çay kaşığı öğütülmüş kırmızı biber

1 4 ila 5 kiloluk kemiksiz rosto domuz omzu

1. Marine için sarımsak başlarını dişlere ayırın. Karanfilleri
   soyun ve doğrayın; Büyük bir kaseye koyun. Soğan,
   zeytinyağı, limon suyu, portakal suyu, kimyon, kekik,
   karabiber ve ezilmiş kırmızı biberi ekleyin. İyice
   karıştırın ve kenara koyun.

2. Domuz rostosunu bir kemik bıçağıyla her taraftan derin
   bir şekilde delin. Kızartmayı mümkün olduğu kadar
   sıvıya batırarak dikkatlice turşunun içine yerleştirin.

Kaseyi plastik ambalajla sıkıca kapatın. Buzdolabında bir kez çevirerek 24 saat marine edin.

3. Domuz etini marineden çıkarın. Marinayı orta boy bir tencereye dökün. Kaynatın; 5 dakika pişirin. Ateşten alın ve soğumaya bırakın. Kenara koyun.

4. Kömürlü ızgara için, kömürleri damlama kabının etrafına orta ateşte koyun. Bir tavada orta ateşte deneyin. Eti ızgara ızgarasının üzerine tavanın üzerine yerleştirin. Örtün ve 2½ ila 3 saat veya anında okunan bir termometre rosto kayıtlarının merkezine 140 ° F yerleştirilene kadar ızgara yapın. (Gazlı ızgara için ızgarayı önceden ısıtın. Isıyı ortama düşürün. Pişme için ayarlayın. Eti ocak kapalıyken ızgara rafına yerleştirin. Belirtildiği gibi örtün ve ızgara yapın.) Eti ızgaradan çıkarın. Folyo ile gevşek bir şekilde örtün ve dilimlemeden veya fırlatmadan önce 10 dakika dinlendirin.

SEBZELİ BAHARATLI İTALYAN DOMUZ ROSTOSU

EV IŞI:20 dakika pişirme: 2 saat 25 dakika dinlenme: 10 dakika
Verim: 8 porsiyon

"TAZE EN IYISIDIR" IYI BIR MANTRADIRÇOĞU ZAMAN YEMEK
PIŞIRMEYE GELINCE TAKIP EDIN. BUNUNLA BIRLIKTE,
KURUTULMUŞ OTLAR, ET EZMESI OLARAK HARIKA ÇALIŞIR.
OTLAR KURUDUKÇA LEZZETLERI DAHA KONSANTRE HALE
GELIR. ETIN NEMI ILE TEMAS ETTIKLERINDE, MAYDANOZ,
REZENE, KEKIK, SARIMSAK VE ACI KIYILMIŞ KIRMIZI BIBERLE
YAPILAN BU İTALYAN USULÜ ROSTODA OLDUĞU GIBI
AROMALARINI ETIN IÇINE BIRAKIRLAR.

2 yemek kaşığı kuru maydanoz, kıyılmış

2 yemek kaşığı ezilmiş rezene tohumu

4 çay kaşığı ezilmiş kuru kekik

1 çay kaşığı taze çekilmiş karabiber

½ çay kaşığı öğütülmüş kırmızı biber

4 diş sarımsak, doğranmış

1 4 kilo kemikli domuz budu

1 ila 2 yemek kaşığı zeytinyağı

1¼ bardak su

2 orta boy soğan, soyulmuş ve halkalar halinde kesilmiş

1 büyük rezene soğanı, ayıklanmış, çekirdekleri çıkarılmış
    ve doğranmış

2 pound Brüksel lahanası

1. Fırını önceden 325° F'ye ısıtın. Maydanoz, rezene
   tohumu, kekik, karabiber, ezilmiş kırmızı biber ve
   sarımsağı küçük bir kapta birleştirin; kenara koymak
   Gerekirse domuz rostosunu dengeleyin. Etin yağını

kesin. Baharat karışımı ile etin her tarafını ovun. İstenirse, bir arada tutmak için tekrar kızartın.

2. Yağı bir Hollanda fırınında orta-yüksek ateşte ısıtın. Kızgın yağda etin her tarafını kızartın. Yağı boşaltın. Hollandalı fırında böreğin etrafına su dökün. 1 buçuk saat üstü açık olarak pişirin. Soğanı ve rezeneyi rosto domuzun etrafına yerleştirin. Örtün ve 30 dakika daha kızartın.

3. Bu sırada Brüksel lahanalarının saplarını kesin ve solmuş dış yapraklarını çıkarın. Brüksel lahanalarını ortadan ikiye kesin. Brüksel lahanalarını Hollanda fırınına ekleyin ve diğer sebzelerin üzerine yerleştirin. Örtün ve 30 ila 35 dakika daha veya sebzeler ve etler yumuşayana kadar ızgara yapın. Eti servis tabağına alın ve üzerini folyo ile kapatın. Kesmeden önce 15 dakika dinlenmeye bırakın. Tavadaki meyve sularını sebzelerin üzerine dökün. Oluklu bir kaşık kullanarak sebzeleri bir servis tabağına veya kaseye koyun; sıcak tutmak için örtün.

4. Büyük bir kaşık kullanarak meyve suyundan yağı alın. Tencerede kalan suyu bir süzgeçten geçirin. Domuzu kesin, kemiği çıkarın. Eti sebzeler ve tava suları ile servis edin.

YAVAŞ BIR TENCEREDE DOMUZ ETI BONFILE

EV IŞI:20 dakika yavaş pişirme: 8 ila 10 saat (düşük) veya 4 ila 5 saat (yüksek) Verim: 8 porsiyon

KIMYON, KIŞNIŞ, KEKIK, DOMATES, BADEM, KURU ÜZÜM, ACI BIBER VE ÇIKOLATA ILE,BU ZENGIN VE KESKIN SOS IYI BIR ŞEKILDE YUMRUK ATIYOR. GÜNE BAŞLAMADAN ÖNCE GÜNE BAŞLAMAK IÇIN MÜKEMMEL BIR ÖĞÜN. EVE GELDIĞINIZDE AKŞAM YEMEĞI NEREDEYSE HAZIRDIR VE EVINIZ HARIKA KOKAR.

1 3 kiloluk kemiksiz rosto domuz omzu

1 su bardağı iri kıyılmış soğan

3 diş sarımsak, dilimlenmiş

1½ su bardağı dana kemik suyu (bkz.yemek tarifi), tavuk kemiği suyu (bkz.yemek tarifi) veya ilave tuz içermeyen tavuk veya et suyu

1 yemek kaşığı öğütülmüş kimyon

1 yemek kaşığı öğütülmüş kişniş

2 çay kaşığı kurutulmuş ezilmiş kekik

1 15 ons tuzsuz konserve, doğranmış domates eklenmiş, süzülmüş

16 ons tuz eklenmemiş domates püresi

½ su bardağı dilimlenmiş badem, kavrulmuş (bkz.eğim)

¼ fincan kükürtsüz kuru üzüm veya altın kuş üzümü

2 ons şekersiz çikolata (Scharffen Berger 99% Cocoa Bar gibi), iri kıyılmış

1 adet kurutulmuş biber veya chipotle

2 4 inç tarçın çubukları

¼ bardak taze kişniş, doğranmış

1 avokado, soyulmuş, çekirdekli ve ince dilimlenmiş

1 misket limonu, dilimler halinde kesin

⅓ fincan tuzsuz kavrulmuş yeşil kabak çekirdeği (isteğe
bağlı) (bkz.eğim)

1. Domuz rostosundaki yağı kesin. Gerekirse, eti 5-6 litre
yavaş pişiriciye sığacak şekilde kesin; kenara koymak

2. Yavaş bir tencerede soğan ve sarımsağı birleştirin. 2
fincanlık bir cam ölçüm kabında, sığır kemik suyu,
kimyon, kişniş ve kekiği birleştirin; tencereye dökün.
Küp doğranmış domatesi, salçayı, bademi, kuru üzümü,
çikolatayı, kuru kırmızı biberi ve çubuk tarçını ekleyin.
Eti tencereye koyun. Üzerine domatesli karışımdan
biraz dökün. Örtün ve düşük seviyede 8 ila 10 saat veya
yüksek sıcaklıkta 4 ila 5 saat veya domuz eti
yumuşayana kadar pişirin.

3. Domuzu kesme tahtasına aktarın; biraz soğu. Eti iki
çatalla parçalara ayırın. Eti folyo ile örtün ve saklayın.

4. Kurutulmuş biberleri ve tarçın çubuklarını çıkarın ve atın.
Büyük bir kaşık kullanarak, domates karışımındaki yağı
alın. Domates karışımını bir karıştırıcıya veya mutfak
robotuna aktarın. Örtün ve neredeyse pürüzsüz olana
kadar karıştırın veya işleyin. Domuz eti ve sosu yavaş
pişiriciye geri koyun. 2 saate kadar servis yapmaya
hazır olana kadar kısık ateşte sıcak tutun.

5. Servis yapmadan hemen önce kişniş ekleyin. Köstebek
kaselerde servis edilir ve avokado dilimleri, limon
dilimleri ve istenirse kabak çekirdeği ile süslenir.

KIZARMIŞ DOMUZ ETI VE KIMYONLU BALKABAĞI

EV IŞI:30 dakika pişirme süresi: 1 saat Verim: 4 porsiyon

BIBER VE BALKABAĞI HARDALI ILE HARDAL YEŞILLIKLERIDOĞU AVRUPA LEZZETLERIYLE TATLANDIRILMIŞ BU GÜVECE CANLI RENK VE BOL MIKTARDA VITAMIN, LIF VE FOLIK ASIT KATIN.

1 1¼ ila 1½ pound rosto domuz omzu

1 çay kaşığı kırmızı biber

1 yemek kaşığı kimyon tohumu, ince öğütülmüş

2 çay kaşığı kuru hardal

¼ çay kaşığı acı biber

2 yemek kaşığı rafine hindistan cevizi yağı

8 ons ince dilimlenmiş taze mantar

2 sap kereviz, çapraz olarak 1 inçlik dilimler halinde kesin

1 küçük kırmızı soğan, ince dilimlenmiş

6 diş doğranmış sarımsak

5 su bardağı tavuk kemiği suyu (bkz.<u>yemek tarifi</u>) vcya ilave tuz içermeyen tavuk suyu

2 bardak Balkabagi, soyulmuş ve doğranmış

3 su bardağı iri kıyılmış hardal veya hardal yeşilliği

2 yemek kaşığı taze adaçayı, şeritler halinde kesilmiş

¼ fincan taze limon suyu

1. Domuzun yağını kesin. Domuzu 1½ inçlik küpler halinde kesin; Büyük bir kaseye koyun. Küçük bir kapta kırmızı biber, kimyon, kuru hardal ve acı biberi birleştirin. Domuzun üzerine serpin ve eşit şekilde kaplamak için fırlatın.

2. 4 ila 5 litrelik bir tencerede hindistancevizi yağını orta
ateşte ısıtın. Etin yarısını ekleyin; ara sıra karıştırarak,
kahverengi olana kadar pişirin. Eti tavadan çıkarın.
Kalan et ile tekrarlayın. Eti rezerve edin.

3. Mantarları, kerevizi, kırmızı soğanı ve sarımsağı Hollanda
fırınına ekleyin. Ara sıra karıştırarak 5 dakika pişirin.
Eti Hollanda fırınına geri koyun. Tavuk kemik suyunu
dikkatlice dökün. Kaynatın; ısıyı azaltın. Örtün ve 45
dakika kısık ateşte pişirin. Balkabağını ekleyin. Örtün ve
10 ila 15 dakika daha veya domuz eti ve kabak
yumuşayana kadar pişirin. Hardal yeşillikleri ve adaçayı
ekleyin. 2 ila 3 dakika veya sebzeler yumuşayana kadar
pişirin. Limon suyu ekleyin.

BRENDI SOSLU MEYVELERLE DOLDURULMUŞ EN IYI SIĞIR FILETOSU

EV IŞI:30 dakika pişirme: 10 dakika pişirme: 1 saat 15 dakika dinlenme süresi: 15 dakika Verim: 8 ila 10 porsiyon

BU ZARIF KIZARTMA,ÖZELLIKLE SONBAHARDA ÖZEL GÜNLER VEYA AILE TOPLANTILARI. LEZZETLERI (ELMA, KÜÇÜK HINDISTAN CEVIZI, KURU MEYVE VE FINDIK) BU MEVSIMIN ÖZÜNÜ YAKALAR. KIZILCIK TATLI PATATES PÜRESI VE KAVRULMUŞ PANCAR SALATASI ILE SERVIS EDILIR (BKZ.YEMEK TARIFI).

DANA ROSTO

1 yemek kaşığı zeytinyağı

2 bardak soyulmuş ve doğranmış Granny Smith elması (yaklaşık 2 orta boy)

1 ince kıyılmış şalgam

1 yemek kaşığı taze kekik, şeritler halinde kesilmiş

¾ çay kaşığı taze çekilmiş karabiber

⅛ çay kaşığı öğütülmüş hindistan cevizi

½ su bardağı doğranmış kükürtsüz kuru kayısı

¼ su bardağı kıyılmış ceviz, kavrulmuş (bkz.eğim)

1 su bardağı tavuk kemiği suyu (bkz.yemek tarifi) veya ilave tuz içermeyen tavuk suyu

1 3 kiloluk kemiksiz kemiksiz rosto domuz filetosu (normal fileto)

BRENDI SOSU

2 yemek kaşığı elma sirkesi

2 yemek kaşığı brendi

1 çay kaşığı Dijon hardalı (bkz.<u>yemek tarifi</u>)

taze çekilmiş karabiber

1. Doldurmak için zeytinyağını büyük bir tavada orta ateşte ısıtın. Elma, arpacık soğanı, kekik, ¼ çay kaşığı biber ve hindistan cevizi ekleyin; ara sıra karıştırarak 2 ila 4 dakika veya elmalar ve arpacık soğanları yumuşak ve hafifçe kızarana kadar pişirin. Kayısı, ceviz ve 1 yemek kaşığı suyu ekleyin. Kayısıları yumuşatmak için kapağı açık olarak 1 dakika pişirin. Ateşten alın ve bir kenara koyun.

2. Fırını 325° F'ye ısıtın. Domuz eti kızartmanın ortasından uzunlamasına kesin ve diğer taraftan ½ inç kesin. Kızartmayı yayın. Bıçağı, V'nin bir tarafına yatay olacak şekilde V kesimine yerleştirin ve yandan ½ inç kesin. V harfinin diğer tarafında da tekrarlayın. Kızartmayı açın ve streç filmle kapatın. Merkezden kenarlara doğru çalışarak, rostoyu yaklaşık ¾ inç kalınlığa gelene kadar bir et çekiçle dövün. Plastik sargıyı çıkarın ve atın. Dolguyu rosto üzerine yayın. Daha kısa taraftan başlayın ve kızartmayı bir spiral şeklinde yuvarlayın. Kızartmayı bir arada tutmak için %100 pamuklu mutfak ipiyle birkaç yerden bağlayın. Kalan ½ çay kaşığı biberi rosto üzerine serpin.

3. Kızartmayı derin olmayan bir fırın tepsisine tel ızgara üzerine alın. Kızartmanın ortasına bir fırın termometresi yerleştirin (doldurmaya değil). 1 saat 15 dakika ila 1 saat 30 dakika arasında veya bir termometre 145 ° F'yi kaydedene kadar üstü açık olarak pişirin. Kızartmayı çıkarın ve gevşek bir şekilde folyo ile örtün; Kesmeden önce 15 dakika dinlendirin.

4. Bu arada, brendi sosu için, kalan suyu ve elma suyunu
   tavadaki yağa ilave ederek, kızaran parçaları sıyırmak
   için karıştırın. Yağı orta boy bir tencereye süzün.
   Kaynatın; yaklaşık 4 dakika veya sos üçte bir oranında
   azalana kadar pişirin. Brendi ve Dijon hardalı ekleyin.
   İlave biberle tatlandırın. Sosu kavrulmuş domuz eti ile
   servis ediyoruz.

PORCHETTA USULÜ KIZARMIŞ DOMUZ ETI

EV IŞI:15 dakika Marine etme: Gece boyunca dinlenme: 40 dakika Pişirme: 1 saat Verim: 6 porsiyon

İTALYAN GELENEKSEL PORCHETTA(BAZEN AMERIKAN İNGILIZCESINDE DOMUZ ETI OLARAK YAZILIR), SARIMSAK, REZENE, BIBER VE ADAÇAYI VEYA BIBERIYE GIBI BITKILERLE DOLDURULMUŞ, ARDINDAN ŞIŞTE VE TAHTA ÜZERINDE IZGARADA PIŞIRILMIŞ KEMIKSIZ BIR GÖĞÜSTÜR. AYNI ZAMANDA ÇOK TUZLU OLMA EĞILIMINDEDIR. BU PALEO VERSIYONU BASITLEŞTIRILMIŞ VE ÇOK LEZZETLI. İSTERSENIZ ADAÇAYI TAZE BIBERIYE ILE DEĞIŞTIRIN VEYA HER IKI BITKININ BIR KARIŞIMINI KULLANIN.

1 2 ila 3 kiloluk kemiksiz domuz rostosu

2 yemek kaşığı rezene tohumu

1 çay kaşığı karabiber

½ çay kaşığı öğütülmüş kırmızı biber

6 diş doğranmış sarımsak

1 yemek kaşığı ince rendelenmiş portakal kabuğu

1 yemek kaşığı taze adaçayı, şeritler halinde kesilmiş

3 yemek kaşığı zeytinyağı

½ bardak sek beyaz şarap

½ su bardağı tavuk kemiği suyu (bkz._yemek tarifi_) veya ilave tuz içermeyen tavuk suyu

1. Domuzu buzdolabından çıkarın; Oda sıcaklığında 30 dakika bekletin. Bu arada, orta ateşte küçük bir tavada sık sık karıştırarak rezene tohumlarını yaklaşık 3 dakika veya koyulaşana ve hoş kokulu olana kadar kızartın; Soğuk. Temiz bir baharat öğütücüye veya

kahve öğütücüye aktarın. Biber toplarını ve toz kırmızı biberi ekleyin. Orta ince bir kıvamda öğütün. (Toz haline getirmeyin.)

2. Fırını önceden 325° F'ye ısıtın. Küçük bir kasede öğütülmüş baharatları, sarımsağı, portakal kabuğunu, adaçayı ve zeytinyağını macun haline getirmek için karıştırın. Kızarmış domuz etini küçük bir kızartma tavasında rafa yerleştirin. Karışımı domuz eti üzerine fırçalayın. (İstenirse terbiyeli domuz etini 9" x 13" x 2" cam fırın tepsisine koyun. Üzerini streç filmle örtün ve bir gece buzdolabında marine edin. Pişirmeden önce eti fırın tepsisine aktarın ve oda sıcaklığında Pişirmeden 30 dakika önce. .)

3. Domuz eti 1 ila 1½ saat veya rosto kayıtlarının ortasına bir termometre yerleştirilene kadar 145° F kızartın. Kızartmayı bir kesme tahtasına aktarın ve alüminyum folyo ile gevşek bir şekilde örtün. Dilimlemeden önce 10 ila 15 dakika bekletin.

4. Bu sırada tavadaki suyu bir cam ölçü kabına dökün. Yağı üstten kesin; kenara koymak Tavayı soba brülörünün üzerine yerleştirin. Şarap ve tavuk suyunu tavaya dökün. Kızarmış parçaları sıyırmak için karıştırarak orta-yüksek ateşte kaynatın. Yaklaşık 4 dakika veya karışım hafifçe azalana kadar pişirin. Ayrılmış tava sularını karıştırın; Basınç. Domuz eti dilimler halinde kesin ve sosla servis yapın.

TOMATILLO ILE KIZARMIŞ DOMUZ PIRZOLA

EV IŞI:40 dakika pişirme: 10 dakika pişirme: 20 dakika pişirme: 40 dakika ayakta: 10 dakika: 6 ila 8 porsiyon

TOMATILLOS YAPIŞKAN, SEVIMSIZ BIR KAPLAMAYA SAHIPTIRKAĞIT GIBI DERILERININ ALTINDA. KABUKLARINI ÇIKARDIKTAN SONRA AKAN SUYUN ALTINDA HIZLICA DURULAYIN VE KULLANIMA HAZIR HALE GETIRIN.

- 1 pound domates, soyulmuş, sapları alınmış ve yıkanmış
- 4 serrano biberi, sapları çıkarılmış, çekirdekleri çıkarılmış ve ikiye bölünmüş (bkz.eğim)
- 2 jalapeno biberi, sapları çıkarılmış, çekirdekleri çıkarılmış ve ikiye bölünmüş (bkz.eğim)
- 1 büyük sarı dolmalık biber, sapları çıkarılmış, çekirdekleri çıkarılmış ve ikiye bölünmüş
- 1 büyük turuncu dolmalık biber, sapları çıkarılmış, çekirdekleri çıkarılmış ve ikiye bölünmüş
- 2 yemek kaşığı zeytinyağı
- 1 2 ila 2 ½ pound kemiksiz domuz rostosu
- 1 büyük sarı soğan, soyulmuş, ikiye bölünmüş ve ince dilimlenmiş
- 4 diş sarımsak, doğranmış
- ¾ bardak su
- ¼ fincan taze limon suyu
- ¼ bardak taze kişniş, doğranmış

1. Izgarayı yüksek ısıda önceden ısıtın. Fırın tepsisini alüminyum folyo ile kaplayın. Hazırlanan fırın tepsisine domatesleri, serrano biberlerini, jalapeno biberlerini ve biberleri düzenleyin. Sebzeleri 4 inç ateşte iyice kömürleşene kadar ızgara yapın, ara sıra domatesleri

çevirin ve kömürleştiğinde sebzeleri 10 ila 15 dakika çıkarın. Serrano, jalapeños ve domatesleri bir kaseye koyun. Tatlı biberi bir tabağa koyun. Sebzeleri soğuması için kenara alın.

2. Büyük bir tavada yağı parıldayana kadar orta-yüksek ateşte ısıtın. Kızarmış domuz eti temiz kağıt havlularla kurulayın ve tavaya ekleyin. Kızartmaların eşit şekilde kızarması için her tarafı kızarana kadar pişirin. Kızartmayı bir tabağa aktarın. Isıyı orta seviyeye düşürün. Tavaya soğan ekleyin; pişirin ve 5 ila 6 dakika veya altın rengi kahverengi olana kadar karıştırın. Sarımsak ekleyin; 1 dakika daha pişirin. Tavayı ocaktan alın.

3. Fırını önceden 350° F'ye ısıtın. Tomatillo sosu için domatesleri, serranoları ve jalapenoları bir mutfak robotu veya karıştırıcıda karıştırın. Pürüzsüz olana kadar örtün ve karıştırın veya işleyin; tavadaki soğana ekleyin. Tavayı tekrar ısıtın. Kaynatın; 4 ila 5 dakika veya karışım koyu ve kalın olana kadar pişirin. Su, limon suyu ve kişniş ekleyin.

4. Tomatillo sosunu sığ bir fırın tepsisine veya 3 litrelik dikdörtgen bir fırın tepsisine yayın. Kızarmış domuz etini sosa ekleyin. Alüminyum folyo ile iyice kapatın. 40 ila 45 dakika veya kızartmanın merkezine yerleştirilen anında okunan bir termometre 140 ° F'yi okuyana kadar pişirin.

5. Biberleri şeritler halinde kesin. Tomatillo sosunu tavaya ekleyin. Folyo ile birlikte saklayın; 10 dakika

dinlenmeye bırakın. Eti kesin; sosu karıştırın.
Dilimlenmiş domuz etini tomatillo sosuyla servis edin.

KAYISI ILE DOLDURULMUŞ DOMUZ PIRZOLASI

EV IŞI:20 dakika pişirme: 45 dakika dinlenme: 5 dakika Verim:
2 ila 3 porsiyon

2 orta boy taze kayısı, kabaca doğranmış

2 yemek kaşığı kükürtsüz kuru üzüm

2 yemek kaşığı kıyılmış ceviz

2 çay kaşığı rendelenmiş taze zencefil

¼ çay kaşığı öğütülmüş kakule

1 12 ons domuz bonfile

1 yemek kaşığı zeytinyağı

1 yemek kaşığı Dijon hardalı (bkz.<u>yemek tarifi</u>)

¼ çay kaşığı karabiber

1. Fırını 375° F'ye ısıtın. Fırın tepsisini alüminyum folyo ile
   kaplayın; fırın tepsisine bir fırın rafı yerleştirin.

2. Küçük bir kapta kayısı, kuru üzüm, ceviz, zencefil ve
   kakuleyi karıştırın.

3. Diğer taraftan ½ inç keserek domuzun ortasından
   uzunlamasına bir kesim yapın. açmak için kelebek
   Domuzu iki kat streç film arasına yerleştirin. Bir et
   çekiçinin düz tarafını kullanarak eti 1/3 inç kalınlığa
   kadar hafifçe dövün. Düz bir dikdörtgen oluşturmak için
   kuyruğun ucunu bükün. Eşit olması için eti hafifçe delin.

4. Kayısı karışımını etin üzerine yayın. Dar uçtan başlayın ve
   domuz eti yuvarlayın. %100 pamuklu mutfak ipi ile
   önce ortadan sonra 1 cm aralıklarla bağlayın.
   Kızartmayı rafa yerleştirin.

5. Zeytinyağı ve Dijon hardalı karıştırın; kızartmayı
   ovalayın. Kızartmayı biber serpin. 45 ila 55 dakika veya
   rosto kayıtlarının ortasına anında okunan bir
   termometre yerleştirilene kadar 140° F pişirin.
   Dilimlemeden önce 5 ila 10 dakika bekletin.

ÇITIR SARIMSAK YAĞI ILE BITKI KABUĞUNDA DOMUZ BIFTEĞI

EV IŞI:15 dakika pişirme: 30 dakika pişirme: 8 dakika dinlenme: 5 dakika Verim: 6 porsiyon

⅓ bardak Dijon hardalı (bkz.<u>yemek tarifi</u>)

¼ su bardağı kıyılmış taze maydanoz

2 yemek kaşığı taze kekik, şeritler halinde kesilmiş

1 yemek kaşığı taze biberiye, şeritler halinde kesilmiş

½ çay kaşığı karabiber

2 domuz bonfile, her biri 12 ons

½ su bardağı zeytinyağı

¼ fincan kıyılmış taze sarımsak

¼ ila 1 çay kaşığı ezilmiş kırmızı biber

1. Fırını 450° F'ye ısıtın. Bir fırın tepsisini alüminyum folyo ile kaplayın; fırın tepsisine bir fırın rafı yerleştirin.

2. Küçük bir kapta hardal, maydanoz, kekik, biberiye ve karabiberi macun kıvamına getirmek için karıştırın. Domuzun üstünü ve yanlarını hardal ve ot karışımıyla ovun. Kızartmak için domuz etini ızgaraya aktarın. Kızartmayı fırına koyun; ısıyı 375 ° F'ye düşürün. 30 ila 35 dakika veya rosto kayıtlarının ortasına anında okunan bir termometre yerleştirilene kadar 140° F pişirin. Dilimlemeden önce 5 ila 10 dakika bekletin.

3. Bu arada sarımsak yağı için zeytinyağı ve sarımsağı küçük bir tavada birleştirin. Orta-düşük ısıda 8 ila 10 dakika veya sarımsak altın rengi olana ve gevrekleşmeye başlayana kadar pişirin (sarımsağın yanmasına izin vermeyin). Ateşten alın; öğütülmüş kırmızı biber

ekleyin. domuz eti dilimleyin; Servis yapmadan önce dilimlerin üzerine sarımsak yağı dökün.

HINDISTAN CEVIZI SOSLU HINT BAHARATLI DOMUZ ETI

BAŞLANGIÇTAN BITIME:Verim 20 dakika: 2 öğün

3 çay kaşığı köri

2 çay kaşığı tuzsuz garam masala

1 çay kaşığı öğütülmüş kimyon

1 çay kaşığı öğütülmüş kişniş

1 12 ons domuz bonfile

1 yemek kaşığı zeytinyağı

½ fincan normal hindistan cevizi sütü (Nature's Way
markası gibi)

¼ bardak taze kişniş, doğranmış

2 yemek kaşığı kıyılmış taze nane

1. Küçük bir kasede 2 çay kaşığı köri tozu, garam masala,
kimyon ve kişnişi karıştırın. Domuz eti ½ inçlik dilimler
halinde kesin; baharat serpin. .

2. Zeytinyağını büyük bir tavada orta ateşte ısıtın. Tavaya
domuz pirzolası ekleyin; bir kez çevirerek 7 dakika
pişirin. Domuzu tavadan çıkarın; sıcak tutmak için
örtün. Sos için hindistan cevizi sütünü ve kalan çay
kaşığı köri tozunu tavaya ekleyin ve parçalarını
sıyırmak için karıştırın. 2 ila 3 dakika kısık ateşte
pişirin. Kişniş ve nane ekleyin. Domuz eti ekleyin; iyice
ısınana kadar pişirin, sosu etin üzerine dökün.

ELMA VE BAHARATLI KESTANE ILE DOMUZ ESCALOPINI

2 domuz bonfile, her biri 12 ons

1 yemek kaşığı soğan tozu

1 yemek kaşığı sarımsak tozu

½ çay kaşığı karabiber

2 ila 4 yemek kaşığı zeytinyağı

2 Fuji veya Pink Lady elması, soyulmuş, çekirdekleri
    çıkarılmış ve kabaca doğranmış

¼ fincan ince kıyılmış arpacık

¾ çay kaşığı öğütülmüş tarçın

⅛ çay kaşığı öğütülmüş karanfil

⅛ çay kaşığı öğütülmüş hindistan cevizi

½ su bardağı tavuk kemiği suyu (bkz.<u>yemek tarifi</u>) veya
    ilave tuz içermeyen tavuk suyu

2 yemek kaşığı taze limon suyu

½ su bardağı kavrulmuş kabuklu kestane, kıyılmış* veya
    kıyılmış ceviz

1 yemek kaşığı taze adaçayı, şeritler halinde kesilmiş

1. Dilimi ½ inç kalınlığında dilimler halinde kesin. Domuz
dilimlerini iki kat plastik sargı arasına yerleştirin. Bir et
tokmağının düz tarafı ile pürüzsüz olana kadar dövün.
Dilimleri soğan tozu, sarımsak tozu ve karabiber serpin.

2. 2 yemek kaşığı zeytinyağını büyük bir tavada orta ateşte
ısıtın. Domuz etini gruplar halinde 3 ila 4 dakika pişirin,
bir kez çevirin ve gerektiğinde yağ ekleyin. Domuzu bir
tabağa aktarın; örtün ve sıcak tutun.

3. Isıyı orta-yüksek seviyeye yükseltin. Elma, arpacık, tarçın, karanfil ve hindistan cevizi ekleyin. 3 dakika pişirin ve karıştırın. Tavuk kemik suyu ve limon suyunu ekleyin. Örtün ve 5 dakika pişirin. Ateşten alın; kestane ve adaçayı ekleyin. Elma karışımını domuz eti ile servis edin.

*Not: Kestaneleri kızartmak için fırını 400° F'ye ısıtın. Kestane kabuğunun bir tarafına X işareti koyun. Bu, pişirme sırasında kabuğun gevşemesini sağlayacaktır. Kestaneleri bir fırın tepsisine yerleştirin ve 30 dakika veya kabukları cevizden ayrılana ve fındıklar yumuşayana kadar pişirin. Kavrulan kestaneleri temiz bir mutfak havlusuna sarın. Sarımsı beyaz kabukları ve ceviz kabuğunu soyun.

KIZARMIŞ DOMUZ FAJITALARI

EV IŞI:Pişirme süresi: 20 dakika: 22 dakika Verim: 4 porsiyon

2 inçlik şeritler halinde kesilmiş 1 pound domuz bonfile

3 yemek kaşığı tuzsuz fajita baharatı veya Meksika baharatı (bkz.<u>yemek tarifi</u>)

2 yemek kaşığı zeytinyağı

1 küçük soğan, ince kıyılmış

½ kırmızı biber, çekirdekli ve ince dilimlenmiş

½ tatlı portakal biberi, çekirdeksiz ve ince dilimlenmiş

1 jalapeño, saplı ve ince dilimlenmiş (bkz.<u>eğim</u>) (İsteğe bağlı)

½ çay kaşığı kimyon tohumu

1 su bardağı ince dilimlenmiş taze mantar

3 yemek kaşığı taze limon suyu

½ su bardağı taze kişniş, şeritler halinde kesilmiş

1 avokado, soyulmuş ve doğranmış

Arzu edilen sos (bkz.<u>tarifler</u>)

1. Domuzun üzerine 2 yemek kaşığı fajita baharatı serpin. Orta-yüksek ateşte çok büyük bir tavada 1 yemek kaşığı yağı ısıtın. Domuzun yarısını ekleyin; pişirin ve yaklaşık 5 dakika veya artık pembeleşene kadar karıştırın. Eti bir kaseye aktarın ve sıcak kalması için üzerini örtün. Kalan yağ ve domuz eti ile tekrarlayın.

2. Sıcaklığı ortama ayarlayın. Kalan 1 yemek kaşığı fajita çeşnisini, soğanı, dolmalık biberi, jalapeno biberini ve kimyonu ekleyin. Yaklaşık 10 dakika veya sebzeler yumuşayana kadar pişirin ve karıştırın. Tüm eti ve birikmiş meyve sularını tavaya geri koyun. Mantar ve

limon suyunu ekleyin. Tamamen ısınana kadar pişirin. Tavayı ocaktan alın; kişniş ekleyin. Avokado ve arzu edilen sos ile servis yapın.

PORTO ŞARABI VE KURU ERIK ILE DOMUZ ETI BIFTEK

EV IŞI:10 dakika pişirme: 12 dakika dinlenme: 5 dakika Verim:
4 porsiyon

LIMAN CÖMERT BIR ŞARAPTIR,YANI FERMANTASYON
SÜRECINI DURDURMAK IÇIN BRENDI BENZERI BIR RUH
EKLENIR. BU, KIRMIZI SOFRA ŞARABINDAN DAHA FAZLA
ARTIK ŞEKER IÇERDIĞI VE BU NEDENLE DAHA TATLI BIR
TADA SAHIP OLDUĞU ANLAMINA GELIR. HER GÜN IÇMEK
ISTEYECEĞIN BIR ŞEY DEĞIL AMA ARA SIRA KÜÇÜK BIRA
IÇMEK IYIDIR.

2 domuz bonfile, her biri 12 ons

2½ çay kaşığı öğütülmüş kişniş

¼ çay kaşığı karabiber

2 yemek kaşığı zeytinyağı

1 arpacık soğan, dilimlenmiş

½ fincan bağlantı noktası

½ su bardağı tavuk kemiği suyu (bkz.<u>yemek tarifi</u>) veya
  ilave tuz içermeyen tavuk suyu

20 adet çekirdeksiz kuru erik

½ çay kaşığı öğütülmüş kırmızı biber

2 çay kaşığı şeritler halinde kesilmiş taze tarhun

1. Fırını 400° F'ye ısıtın. Domuz eti üzerine 2 çay kaşığı
  kişniş ve karabiber serpin.

2. Zeytinyağını fırına dayanıklı büyük bir tavada orta-
  yüksek ateşte ısıtın. Filetoları tavaya ekleyin. Her tarafı
  kızarana kadar, eşit şekilde kızarana kadar yaklaşık 8
  dakika pişirin. Tavayı fırına yerleştirin. Açık olarak

yaklaşık 12 dakika veya anında okunan bir termometre rosto kayıtlarının ortasına 140° F yerleştirilene kadar ızgara yapın. Filetoları bir kesme tahtasına aktarın. Gevşek bir şekilde folyo ile örtün ve 5 dakika dinlendirin.

3. Bu sırada tavadaki yağı 1 yemek kaşığı ayırarak sosun üzerine dökün. Arpacık soğanlarını ayrılmış yağda bir tavada orta ateşte yaklaşık 3 dakika veya altın rengi kahverengi ve yumuşak olana kadar pişirin. Bağlantı noktasını tavaya ekleyin. Bir kaynamaya getirin ve kızartılmış parçaları sıyırmak için karıştırın. Tavuk kemik suyu, kuru erik, ezilmiş kırmızı biber ve kalan ½ çay kaşığı kişniş ekleyin. Orta-yüksek ateşte hafifçe azalana kadar yaklaşık 1 ila 2 dakika pişirin. Tarhun ekleyin.

4. Domuzu dilimler halinde kesin ve kuru erik ve sosla servis edin.

HIZLI TURŞU SEBZELER ILE YEŞIL SALATA ÜZERINDE MOO SHU USULÜ DOMUZ KUPLARI

BAŞLANGIÇTAN BITIME:45 dakika verim: 4 porsiyon

GELENEKSEL MOO SHU YEMEĞINI YEDIYSENIZBIR ÇIN LOKANTASINDA, INCE PANKEKLERIN ÜZERINDE TATLI BIR ERIK VEYA KURU ÜZÜM SOSUYLA SERVIS EDILEN LEZZETLI BIR ET-SEBZE DOLGUSU OLDUĞUNU BILIRSINIZ. BU DAHA HAFIF, DAHA TAZE PALEO VERSIYONU, ZENCEFIL VE SARIMSAKLA SOTELENMIŞ DOMUZ ETI, BOK CHOY VE SHIITAKE MANTARLARINI IÇERIR, KITIR KITIR TURŞU SEBZELERI ILE MARUL DÜRÜMLERINDE SERVIS EDILIR.

TURŞULUK SEBZELER

- 1 su bardağı doğranmış havuç
- 1 su bardağı julienned daikon turp
- ¼ bardak doğranmış kırmızı soğan
- 1 su bardağı şekersiz elma suyu
- ½ su bardağı elma sirkesi

DOMUZ ETI

- 2 yemek kaşığı zeytinyağı veya rafine hindistan cevizi yağı
- 3 yumurta, hafifçe çırpılmış
- 2 x ½ inçlik şeritler halinde kesilmiş 8 ons domuz bonfile
- 2 çay kaşığı öğütülmüş taze zencefil
- 4 diş sarımsak, doğranmış
- 2 su bardağı ince dilimlenmiş napa lahana
- 1 su bardağı ince dilimlenmiş şitaki mantarı
- ¼ fincan ince dilimlenmiş rezene

8 yaprak Boston marulu

1. Hızlı bir turşu için havuç, daikon ve soğanı geniş bir kapta birleştirin. Glazür için elma suyu ve sirkeyi bir tavada buharı çıkana kadar ısıtın. Verniği kasedeki sebzelerin üzerine dökün; Servis edilene kadar örtün ve buz dolabında saklayın.

2. 1 çorba kaşığı yağı büyük bir tavada orta-yüksek ateşte ısıtın. Yumurtaları bir çırpma teli ile hafifçe çırpın. Tavaya yumurta ekleyin; alt ayarlanana kadar karıştırmadan yaklaşık 3 dakika pişirin. Yumurtaları esnek bir spatula ile dikkatlice çevirin ve diğer tarafta pişirin. Yumurtaları tavadan çıkarın ve bir kaseye koyun.

3. Tavayı yeniden ısıtın; kalan 1 yemek kaşığı yağı ekleyin. Domuz erİştesi, zencefil ve sarımsağı ekleyin. Orta-yüksek ateşte yaklaşık 4 dakika veya domuz eti pembeleşene kadar pişirin ve karıştırın. Lahana ve mantar ekleyin; yaklaşık 4 dakika veya lahana soluncaya, mantarlar yumuşayana ve domuz eti tamamen pişene kadar pişirin ve karıştırın. Tavayı ocaktan alın. Haşlanmış yumurtayı şeritler halinde kesin. Yumurta şeritlerini ve taze soğanları domuz eti karışımına yavaşça katlayın. Salata yaprakları üzerinde servis yapın ve üzerine salamura edilmiş sebzeler ekleyin.

MACADAMIA FISTIĞI, ADAÇAYI, INCIR VE TATLI PATATES PÜRESI ILE DOMUZ PIRZOLASI

EV IŞI:15 dakika Pişirme süresi: 25 dakika Verim: 4 porsiyon

TATLI PATATES PÜRESI ILE BIRLIKTE,BU ETLI ADAÇAYI KAPLI PIRZOLA, HIZLI BIR ŞEKILDE BIR ARAYA GELEN VE ONLARI YOĞUN BIR HAFTA IÇIN MÜKEMMEL YAPAN MÜKEMMEL BIR SONBAHAR YEMEĞIDIR.

- 1¼ inç kalınlığında dilimler halinde kesilmiş 4 kemiksiz domuz pirzolası
- 3 yemek kaşığı taze adaçayı, şeritler halinde kesilmiş
- ¼ çay kaşığı karabiber
- 3 yemek kaşığı macadamia yağı
- 2 pound tatlı patates, soyulmuş ve 1 inçlik parçalar halinde kesilmiş
- ¾ su bardağı kıyılmış macadamia fıstığı
- ½ su bardağı doğranmış kuru incir
- ⅓ su bardağı sığır kemik suyu (bkz.<u>yemek tarifi</u>) veya ilave tuz içermeyen et suyu
- 1 yemek kaşığı taze limon suyu

1. Domuz pirzolasının her iki tarafına 2 yemek kaşığı adaçayı ve karabiber serpin; parmaklarını ov. Orta ateşte büyük bir tavada 2 yemek kaşığı yağı ısıtın. Tavaya biftek ekleyin; 15 ila 20 dakika veya bitene kadar (145°F) pişirin, pişirmenin yarısında bir kez çevirin. Pirzolaları bir tabağa aktarın; sıcak tutmak için örtün.

2. Bu sırada tatlı patatesleri ve üzerini kapatacak kadar suyu büyük bir tencerede birleştirin. Kaynatın; ısıyı azaltın. Örtün ve 10 ila 15 dakika veya patatesler yumuşayana kadar pişirin. Patatesleri boşaltın. Kalan yemek kaşığı macadamia yağını patateslere ekleyin ve krema kıvamına gelene kadar ezin; sıcak tutmak.

3. Sos için tavaya macadamia fıstığı ekleyin; kızarana kadar orta ateşte pişirin. Kuru incir ve kalan yemek kaşığı adaçayı ekleyin; 30 saniye pişirin. Tavaya dana kemik suyu ve limon suyunu ekleyin ve kızaran parçaları sıyırmak için karıştırın. Sosu domuz pirzolasının üzerine dökün ve tatlı patates püresi ile servis yapın.

BIBERIYE VE LAVANTA ILE FIRINLANMIŞ DOMUZ PIRZOLASI, ÜZÜM VE KAVRULMUŞ CEVIZ ILE

EV IŞI:Pişirme 10 dakika: Izgara 6 dakika: 25 dakika Verim: 4 porsiyon

ÜZÜMLERI DOMUZ PIRZOLASI ILE BIRLIKTE KIZARTINLEZZETINI VE TATLILIĞINI ARTTIRIR. ÇITIR KIZARMIŞ CEVIZLER VE TAZE BIBERIYE DOKUNUŞUYLA BIRLEŞTIĞINDE, BU DOYURUCU PIRZOLALARA HARIKA BIR EKTIRLER.

2 yemek kaşığı şeritler halinde kesilmiş taze biberiye

1 yemek kaşığı kıyılmış taze lavanta

½ çay kaşığı sarımsak tozu

½ çay kaşığı karabiber

4 domuz pirzolası, 1 ¼ inç kalınlığında kesilmiş (yaklaşık 3 pound)

1 yemek kaşığı zeytinyağı

1 büyük arpacık, ince dilimlenmiş

1½ su bardağı kırmızı ve/veya yeşil çekirdeksiz üzüm

½ bardak sek beyaz şarap

¾ su bardağı iri kıyılmış ceviz

Taze doğranmış biberiye

1. Fırını önceden 375° F'ye ısıtın. Küçük bir kasede 2 yemek kaşığı biberiye, lavanta, sarımsak tozu ve karabiberi birleştirin. Ot karışımını domuz pirzolasına eşit şekilde sürün. Fırına dayanıklı çok büyük bir tavada zeytinyağını orta ateşte ısıtın. Tavaya biftek ekleyin; 6

ila 8 dakika veya her iki tarafta kızarana kadar pişirin. Pirzolaları bir tabağa aktarın; folyo ile kaplayın.

2. Arpacık soğanlarını tavaya ekleyin. Orta ateşte 1 dakika karıştırarak pişirin. Üzüm ve şarap ekleyin. Kızarmış parçaları sıyırmak için karıştırarak yaklaşık 2 dakika daha pişirin. Domuz pirzolasını tavaya geri koyun. Tavayı fırına yerleştirin; 25 ila 30 dakika veya pirzolalar bitene kadar (145°F) ızgara yapın.

3. Bu sırada cevizleri sığ bir fırın tepsisine dizin. Pirzola ile fırına ekleyin. Yaklaşık 8 dakika veya kızarana kadar ızgara yapın, eşit şekilde pişirmek için bir kez çevirin.

4. Servis etmek için domuz pirzolasının üzerine üzüm ve kavrulmuş ceviz ekleyin. Taze biberiye serpin.

KAVRULMUŞ BROKOLI RABE ILE DOMUZ PIRZOLA ALLA FIORENTINA

EV IŞI:20 dakika ızgara: 20 dakika marine etme: 3 dakika verim: 4 porsiyon<u>FOTOĞRAF</u>

"İŞTE FLORANSA"TEMELDE "FLORANSA TARZINDA" ANLAMINA GELIR. BU TARIF, GENELLIKLE SADECE ZEYTINYAĞI, TUZ, KARABIBER VE BITIRMEK IÇIN TAZE LIMON SIKMAK GIBI EN BASIT TATLARA SAHIP ODUN ATEŞINDE PIŞIRILEN BIR TOSKANA KABURGA KIZARTMASI OLAN BISTECCA ALLA FIORENTINA'DAN MODELLENMIŞTIR.

1 pound brokoli rabe

1 yemek kaşığı zeytinyağı

4 6- ila 8 ons kemikli domuz pirzolası, 1 ½ ila 2 inç kalınlığında dilimler halinde kesilmiş

iri öğütülmüş karabiber

1 limon

4 diş sarımsak, ince dilimlenmiş

2 yemek kaşığı şeritler halinde kesilmiş taze biberiye

6 taze adaçayı yaprağı, doğranmış

1 çay kaşığı ezilmiş kırmızı biber gevreği (veya tadı)

½ su bardağı zeytinyağı

1. Brokoliyi büyük bir tencerede kaynar suda 1 dakika haşlayın. Hemen bir kase buzlu suya aktarın. Soğuduktan sonra, brokoliyi kağıt havlularla kaplı bir fırın tepsisine boşaltın ve mümkün olduğunca daha fazla kağıt havluyla kurulayın. Kağıt havluları tavadan çıkarın. 1 çorba kaşığı zeytinyağı ile brokoli püresini

gezdirin, kaplamak için fırlatın; ızgara yapmaya hazır olana kadar bir kenara koyun.

2. Domuz pirzolasının her iki tarafına iri çekilmiş karabiber serpin; kenara koymak Bir sebze soyacağı ile limonun kabuğunu çıkarın (limonu daha sonra kullanmak üzere saklayın). Geniş bir tabağa limon kabuğu rendesi şeritleri, kıyılmış sarımsak, biberiye, adaçayı ve ezilmiş kırmızı biber koyun; kenara koymak

3. Bir kömür ızgarası için, kömürlerin çoğunu ızgaranın bir tarafına taşıyın ve birkaç kömürü ızgaranın diğer tarafının altında tutun. Pirzolaları doğrudan kömürlerin üzerinde 2 ila 3 dakika veya kahverengi bir kabuk oluşana kadar kızartın. Pirzolaları çevirin ve diğer tarafta 2 dakika daha kızartın. Pirzolaları ızgaranın diğer tarafına taşıyın. Örtün ve 10 ila 15 dakika veya bitene kadar (145 ° F) ızgara yapın. (Gazlı ızgara için, ızgarayı önceden ısıtın; ızgaranın bir tarafındaki ısıyı orta seviyeye düşürün. Pirzolaları yukarıdaki gibi yüksek ateşte pişirin. Orta ateşte ızgaranın bir tarafına geçin; yukarıdaki gibi devam edin) .

4. Pirzolaları bir tabağa aktarın. Pirzolaların üzerine ½ su bardağı zeytinyağı gezdirin ve her iki tarafını kaplayacak şekilde çevirin. Servis yapmadan önce pirzolaları 3 ila 5 dakika marine edin, bir veya iki kez çevirerek eti limon kabuğu rendesi, sarımsak ve otların tatlarıyla doldurun.

5. Pirzolalar dinlenirken, brokolileri hafifçe kömürleşene ve iyice ısınana kadar ızgara yapın. Domuz pirzolası ile

tabakta brokoli rabe düzenleyin; Servis yapmadan önce her bifteğin ve brokolinin üzerine biraz turşusu dökün.

ESCAROLE DOLMASI DOMUZ PIRZOLASI

EV IŞI:Pişirme süresi: 20 dakika: 9 dakika Verim: 4 porsiyon

HINDIBA YEŞIL SALATA OLARAK TÜKETILEBILIR.VEYA HIZLI
GARNITÜR OLARAK ZEYTINYAĞINDA SARIMSAKLA HAFIFÇE
KAVRULUR. BURADA ZEYTINYAĞI, SARIMSAK, KARABIBER,
EZILMIŞ KIRMIZI BIBER VE LIMONLA BIRLEŞEREK SULU
TAVADA KAVRULMUŞ DOMUZ PIRZOLASI IÇIN HARIKA BIR
SOLUK YEŞIL DOLGU YAPARLAR.

4 6- ila 8 ons kemikli domuz pirzolası, 3/4-inç kalınlığında
kesilmiş

½ orta boy hindiba, ince kıyılmış

4 yemek kaşığı zeytinyağı

1 yemek kaşığı taze limon suyu

¼ çay kaşığı karabiber

¼ çay kaşığı öğütülmüş kırmızı biber

2 büyük diş sarımsak, kıyılmış

Zeytin yağı

1 yemek kaşığı taze adaçayı, şeritler halinde kesilmiş

¼ çay kaşığı karabiber

⅓ fincan sek beyaz şarap

1. Bir soyma bıçağı kullanarak her domuz pirzolasının
kavisli tarafında yaklaşık 2 inç genişliğinde derin bir
cep oluşturun; kenara koymak

2. Büyük bir kapta hindibaları, 2 yemek kaşığı zeytinyağını,
limon suyunu, ¼ çay kaşığı karabiberi, ezilmiş kırmızı
biberi ve sarımsağı birleştirin. Her pirzola karışımın

dörtte biri ile doldurun. Pirzolaları zeytinyağı ile fırçalayın. Adaçayı ve ¼ çay kaşığı karabiber serpin.

3. Kalan 2 yemek kaşığı zeytinyağını çok büyük bir tavada orta-yüksek ateşte ısıtın. Domuz eti kızarana kadar her iki tarafta 4 dakika kızartın. Pirzolaları bir tabağa aktarın. Şarabı tavaya ekleyin ve kızartılmış parçaları kazıyın. Tavadaki suları 1 dakika azaltın.

4. Servis yapmadan önce tava suyunu pirzolaların üzerine gezdirin.

ELMA VE HARDAL MOP SOSLU FÜME KABURGA

DALDIRMA:1 saat dinlenme: 15 dakika tütsüleme: 4 saat
Pişirme süresi: 20 dakika Verim: 4 porsiyon<u>FOTOĞRAF</u>

ZENGIN LEZZET VE ETLI DOKU.FÜME KABURGA, TAZE VE
GEVREK BIR ŞEY GEREKTIRIR. HEMEN HEMEN HER SALATA
UYGUNDUR, SADECE REZENE SALATASI (BKZ.<u>YEMEK
TARIFI</u>VE FOTOĞRAFTA<u>BURADA</u>), ÖZELLIKLE IYI.

PIRZOLA

8 ila 10 adet elma veya ceviz ağacı

3 ila 3 ½ pound domuz kaburga

¼ fincan tütsülenmiş baharat (bkz.<u>yemek tarifi</u>)

DALDIRMA

1 orta pişmiş elma, soyulmuş, özlü ve ince dilimlenmiş

¼ bardak doğranmış soğan

¼ bardak su

¼ fincan elma sirkesi

2 yemek kaşığı Dijon hardalı (bkz.<u>yemek tarifi</u>)

2 ila 3 yemek kaşığı su

1. Sigara içmeden en az 1 saat önce talaşları üzerlerini
   örtecek kadar suya batırın. Kullanmadan önce boşaltın.
   Kaburgalardaki görünür yağları kesin. Gerekirse,
   kaburgaların arkasındaki ince zarı çıkarın. Kaburgaları
   geniş, sığ bir tavaya yerleştirin. Tütsülenmiş baharatları
   eşit şekilde serpin; parmaklarını ov. 15 dakika oda
   sıcaklığında bekletin.

2. Üreticinin talimatlarına göre önceden ısıtılmış kömürü,
   süzülmüş talaşları ve su dolu bir tencereyi sigara içme

haznesine yerleştirin. Tavaya su dökün. Kaburgaları kemikleri aşağı gelecek şekilde bir su kabının üzerine bir tel rafa yerleştirin. (Veya kaburgaları bir rafa koyun; kaburgaları bir tel ızgaraya yerleştirin.) Örtün ve 2 saat pişirin. Sigara içerken sigara içen kişiyi yaklaşık 225 ° F'de tutun. Isı ve nemi korumak için gerektiği kadar kömür ve su ekleyin.

3. Bu sırada mop sosu için elma dilimlerini, soğanı ve ¼ su bardağı suyu küçük bir tencerede birleştirin. Kaynatın; ısıyı azaltın. Örtün ve ara sıra karıştırarak 10 ila 12 dakika veya elma dilimleri çok yumuşak olana kadar pişirin. Hafifçe soğumaya bırakın; değerli elmayı ve soğanı bir mutfak robotu veya karıştırıcıya aktarın. Örtün ve pürüzsüz olana kadar işleyin veya karıştırın. Püreyi tavaya geri koyun. Sirke ve Dijon hardalı ekleyin. Orta-kısık ateşte ara sıra karıştırarak 5 dakika pişirin. Sosu salata sosu kıvamına getirmek için 2 ila 3 yemek kaşığı su (veya gerektiği kadar daha fazla) ekleyin. Sosu üçe bölün.

4. 2 saat sonra kaburgaları sosun üçte biri ile cömertçe kaplayın. Örtün ve 1 saat daha tütsüleyin. Paspas sosunun üçte biri ile tekrar fırçalayın. Her kaburga parçasını ağır folyoya sarın ve gerekirse istifleyerek sigara içen kişiye geri dönün. Örtün ve 1 ila 1½ saat daha veya kaburgalar yumuşayana kadar tütsüleyin. *

5. Kaburgaları açın ve üzerlerini paspas sosunun kalan üçte biri ile kaplayın. Servis yapmak için kaburgaları kemiklerin arasından kesin.

*İpucu: Kaburgaların hassasiyetini test etmek için,
kaburgalardan birindeki folyoyu dikkatlice çıkarın.
Paneli üst çeyreğinden tutarak yivli paneli pense ile
kaldırın. Kaburga levhasını, et tarafı aşağı bakacak
şekilde çevirin. Kenarlar yumuşaksa, tahtayı
kaldırdığınızda parçalanmaya başlamalıdır. Yumuşak
değillerse, tekrar folyoya sarın ve kaburgaları
yumuşayana kadar tütsülemeye devam edin.

TAZE ANANAS SALATASI ILE IZGARA DOMUZ KABURGA

EV IŞI:20 dakika kaynatın: 8 dakika pişirin: 1 saat 15 dakika
Verim: 4 porsiyon

KÖY DOMUZ KABURGALARI ETLI,UCUZLAR VE YAVAŞ PIŞIRME VE BOL MIKTARDA BARBEKÜ SOSUNDA KAYNATMA GIBI DOĞRU ŞEKILDE KULLANILIRLARSA ERIYENE KADAR YUMUŞARLAR.

2 pound kemiksiz country tarzı domuz kaburga

¼ çay kaşığı karabiber

1 yemek kaşığı rafine hindistan cevizi yağı

½ su bardağı taze portakal suyu

1½ su bardağı barbekü sosu (bkz.<u>yemek tarifi</u>)

3 su bardağı rendelenmiş yeşil lahana ve/veya kırmızı lahana

1 su bardağı rendelenmiş havuç

2 su bardağı ince kıyılmış ananas

⅓ fincan hafif narenciye salata sosu (bkz.<u>yemek tarifi</u>)

Barbekü sosu (bkz.<u>yemek tarifi</u>) (İsteğe bağlı)

1. Fırını 350° F'ye ısıtın. Domuz eti üzerine biber serpin. Çok büyük bir tavada hindistancevizi yağını orta-yüksek ateşte ısıtın. Domuz kaburga ekleyin; 8 ila 10 dakika veya kızarana ve eşit şekilde kızarana kadar pişirin. Kaburgaları 3 litrelik dikdörtgen bir fırın tepsisine yerleştirin.

2. Sos için portakal suyunu tavaya ekleyin ve kızaran parçaları sıyırmak için karıştırın. 1 ½ su bardağı barbekü sosu ekleyin. Sosu kaburgaların üzerine dökün.

Kaburgaları sosla kaplamak için çevirin (gerekirse kaburgaları kaplamak için bir pasta fırçası kullanın). Tavayı alüminyum folyo ile iyice kapatın.

3. Kaburgaları 1 saat pişirin. Folyoyu çıkarın ve kaburgaları kızartma tavasındaki sosla fırçalayın. 15 dakika daha veya kaburgalar yumuşayana ve altın rengi kahverengi olana ve sos biraz kalınlaşana kadar pişirin.

4. Bu arada, ananas salatası için lahana, havuç, ananas ve parlak narenciye sosunu karıştırın. Servis edilene kadar örtün ve buz dolabında saklayın.

5. Kaburgaları salata ve muhtemelen barbekü sosu ile servis edin.

BAHARATLI DOMUZ GÜVEÇ

EV IŞI:Pişirme süresi 20 dakika: 40 dakika Verim: 6 porsiyon

MACAR USULÜ GULAŞ SERVIS EDIYORLAR.BIR YEMEK IÇIN
GEVREK, ZAR ZOR SOLMUŞ LAHANA YATAĞININ ÜZERINE.
ELINIZ VARSA, KIMYON TOHUMLARINI BIR MUTFAK
ROBOTUNDA ÖĞÜTÜN. DEĞILSE, YUMRUĞUNUZLA BIÇAĞA
HAFIFÇE BASTIRARAK BIR ŞEF BIÇAĞININ GENIŞ TARAFININ
ALTINDA EZIN.

GULAŞ

1½ pound öğütülmüş domuz eti

2 su bardağı doğranmış kırmızı, turuncu ve/veya sarı
   dolmalık biber

¾ fincan ince kıyılmış kırmızı soğan

1 küçük taze kırmızı biber, çekirdekleri çıkarılmış ve ince
   doğranmış (bkz.<u>eğim</u>)

4 çay kaşığı tütsülenmiş baharat (bkz.<u>yemek tarifi</u>)

1 çay kaşığı öğütülmüş kimyon

¼ çay kaşığı öğütülmüş mercanköşk veya kekik

1 14 ons konserve tuzsuz ve doğranmış domates, suyu
   çıkarılmamış, eklenmiş

2 yemek kaşığı kırmızı şarap sirkesi

1 yemek kaşığı ince rendelenmiş limon kabuğu

⅓ su bardağı kıyılmış taze maydanoz

LAHANA

2 yemek kaşığı zeytinyağı

1 orta boy soğan, dilimlenmiş

1 yeşil veya mor lahana, özlü ve ince dilimlenmiş

1. Güveç için, domuz kıymasını, biberleri ve soğanları büyük
   bir Hollanda fırınında orta-yüksek ateşte 8 ila 10 dakika
   veya domuz eti artık pembeleşinceye ve sebzeler
   yumuşak ve çıtır çıtır olana kadar pişirin. Tahta kaşık.
   eti parçalayın. Yağı boşaltın. Isıyı düşük seviyeye
   indirin; kırmızı biber, tütsülenmiş baharatlar, kimyon
   ve mercanköşk ekleyin. Örtün ve 10 dakika pişirin.
   Olgunlaşmamış domatesleri ve sirkeyi ekleyin.
   Kaynatın; ısıyı azaltın. 20 dakika üzeri kapalı olarak
   kaynatın.

2. Bu sırada lahana için yağı büyük bir tavada orta ateşte
   ısıtın. Soğanı ekleyin ve yumuşayana kadar yaklaşık 2
   dakika pişirin. lahana ekleyin; birleştirmek için
   karıştırın. Isıyı düşük seviyeye indirin. ara sıra
   karıştırarak yaklaşık 8 dakika veya lahana yumuşayana
   kadar pişirin.

3. Servis etmek için lahana karışımından bir miktar tabağa
   koyun. Güveçin üzerine dökün ve limon kabuğu rendesi
   ve maydanoz serpin.

KIYILMIŞ REZENE VE SOTELENMIŞ SOĞAN ILE İTALYAN SOSISLI MARINRA KÖFTESI

EV IŞI:30 dakika pişirin: 30 dakika Pişirin: 40 dakika Verim: 4 ila 6 porsiyon

BU TARIF NADIR BIR ÖRNEKTIRTAZE VERSIYONDAN DAHA IYI OLMASA DA AYNI DERECEDE IYI ÇALIŞAN KONSERVE ÜRÜN. ÇOK AMA ÇOK OLGUN DOMATESLERINIZ YOKSA TAZE DOMATESLE SOSUNUZDA KONSERVE DOMATES KADAR IYI BIR KIVAM ELDE EDEMEZSINIZ. TUZ EKLENMEMIŞ VE TERCIHEN ORGANIK BIR ÜRÜN KULLANDIĞINIZDAN EMIN OLUN.

KÖFTELER

- 2 büyük yumurta
- ½ su bardağı badem unu
- 8 diş doğranmış sarımsak
- 6 yemek kaşığı sek beyaz şarap
- 1 çay kaşığı kırmızı biber
- 2 çay kaşığı karabiber
- 1 çay kaşığı rezene tohumu, hafifçe ezilmiş
- 1 çay kaşığı ezilmiş kurutulmuş kekik
- 1 çay kaşığı kuru kekik, öğütülmüş
- ¼ ila ½ çay kaşığı acı biber
- 1½ pound öğütülmüş domuz eti

YAT LIMANI

- 2 yemek kaşığı zeytinyağı
- 2 15 onsluk kutu tuz eklenmemiş ezilmiş domates veya bir adet 28 onsluk tuz eklenmemiş ezilmiş domates

½ su bardağı kıyılmış taze fesleğen

3 orta boy rezene soğan, ikiye bölünmüş, temizlenmiş ve
   ince dilimlenmiş

1 büyük tatlı soğan, ikiye bölünmüş ve ince dilimlenmiş

1. Fırını 375° F'ye önceden ısıtın. Geniş kenarlı bir fırın
   tepsisini parşömen kağıdı ile kaplayın; kenara koymak
   Büyük bir kapta yumurta, badem unu, 6 diş kıyılmış
   sarımsak, 3 yemek kaşığı şarap, kırmızı biber, 1 ½ çay
   kaşığı karabiber, rezene tohumu, kekik, kekik ve kırmızı
   biberi karıştırın. Domuz eti ekleyin; iyice karıştırın. 1½
   inçlik köfteler halinde domuz eti karışımı oluşturun
   (yaklaşık 24 köfte almalısınız); hazırlanan fırın
   tepsisine tek bir tabaka halinde yerleştirin. Yaklaşık 30
   dakika veya açık altın rengi kahverengi olana kadar
   pişirin, pişirme sırasında bir kez çevirin.

2. Bu arada marinara sosu için 1 çorba kaşığı zeytinyağını 4-
   6 litre Hollanda fırınında ısıtın. Kalan 2 diş kıyılmış
   sarımsağı ekleyin; yaklaşık 1 dakika veya
   kahverengileşmeye başlayana kadar pişirin. Kalan 3
   yemek kaşığı şarabı, ezilmiş domatesleri ve fesleğenleri
   hızlıca ekleyin. Kaynatın; ısıyı azaltın. 5 dakika ağzı
   kapalı olarak kaynatın. Pişen köfteleri marinara sosuna
   dikkatlice atın. Örtün ve 25 ila 30 dakika kısık ateşte
   pişirin.

3. Bu arada kalan 1 çorba kaşığı zeytinyağını büyük bir
   tavada orta ateşte ısıtın. Doğranmış dereotu ve soğanı
   ekleyin. Sık sık karıştırarak 8 ila 10 dakika veya
   yumuşayana ve hafifçe kızarana kadar pişirin. Kalan ½
   çay kaşığı karabiberle tatlandırın. Sotelenmiş rezene ve
   soğanın üzerine köfteleri ve marinara sosu servis edin.

FESLEĞEN VE ÇAM FISTIĞI ILE DOMUZ ETI ILE DOLDURULMUŞ KABAK TEKNELERI

EV IŞI:20 dakika pişirin: 22 dakika pişirin: 20 dakika Verim: 4 porsiyon

ÇOCUKLAR BU EĞLENCELI YEMEĞE BAYILACAKKIYMA, DOMATES VE TATLI BIBER ILE DOLDURULMUŞ IÇI BOŞ KABAK. İSTERSENIZ 3 YEMEK KAŞIĞI FESLEĞENLI PESTO EKLEYIN (BKZ.<u>YEMEK TARIFI</u>) YERINE TAZE FESLEĞEN, MAYDANOZ VE ÇAM FISTIĞI.

2 orta boy kabak

1 yemek kaşığı sızma zeytinyağı

12 ons öğütülmüş domuz eti

¾ bardak doğranmış soğan

2 diş ezilmiş sarımsak

1 su bardağı doğranmış domates

⅔ fincan ince kıyılmış sarı veya turuncu dolmalık biber

1 çay kaşığı rezene tohumu, hafifçe ezilmiş

½ çay kaşığı öğütülmüş kırmızı biber gevreği

¼ fincan kıyılmış taze fesleğen

3 yemek kaşığı taze maydanoz, şeritler halinde kesilmiş

2 yemek kaşığı kavrulmuş çam fıstığı (bkz.<u>eğim</u>) ve kabaca doğranmış

1 çay kaşığı ince rendelenmiş limon kabuğu

1. Fırını 350° F'ye önceden ısıtın. Kabağı uzunlamasına ikiye bölün ve ¼ inçlik kabuk bırakarak ortasını dikkatlice kazıyın. Kabak etini büyük parçalar halinde kesin ve bir kenara koyun. Pişirme kağıdı serili fırın tepsisine yarım

kabakları kesik tarafları yukarı gelecek şekilde
yerleştirin.

2. Doldurmak için zeytinyağını büyük bir tavada orta-
   yüksek ateşte ısıtın. Kıyma domuz eti ekleyin;
   pembeleşene kadar pişirin ve etin parçalanması için
   tahta kaşıkla karıştırın. Yağı boşaltın. Isıyı orta seviyeye
   düşürün. Ayrılmış kabak püresi, soğan ve sarımsağı
   ekleyin; pişirin ve yaklaşık 8 dakika veya soğan
   yumuşayana kadar karıştırın. Domates, kırmızı biber,
   rezene tohumu ve ezilmiş kırmızı biber ekleyin.
   Yaklaşık 10 dakika veya domatesler yumuşayana ve
   dağılmaya başlayana kadar pişirin. Tavayı ocaktan alın.
   Fesleğen, maydanoz, çam fıstığı ve limon kabuğu
   rendesini ekleyin. Dolguyu kabak kabuklarının arasına
   paylaştırın ve küçük bir yığın yapın. 20 ila 25 dakika
   veya kabak kabukları çıtır çıtır olana kadar pişirin.

HINDISTAN CEVIZI SÜTÜ VE OTLAR ILE DOMUZ ERIŞTE KASELERI VE ANANAS KÖRI

EV IŞI:30 dakika pişirin: 15 dakika pişirin: 40 dakika Verim: 4 porsiyonFOTOĞRAF

1 adet büyük spagetti kabağı

2 yemek kaşığı rafine hindistan cevizi yağı

1 kiloluk domuz eti

2 yemek kaşığı ince kıyılmış kişniş

2 yemek kaşığı taze limon suyu

1 yemek kaşığı kıyılmış taze zencefil

6 diş doğranmış sarımsak

1 yemek kaşığı öğütülmüş limon otu

1 yemek kaşığı tuz eklenmemiş Tay usulü kırmızı köri

1 su bardağı doğranmış kırmızı biber

1 bardak doğranmış soğan

½ su bardağı jülyen doğranmış havuç

1 adet bebek Çin lahanası, dilimlenmiş (3 su bardağı)

1 su bardağı doğranmış taze mantar

1 veya 2 Tay kuş biberi, ince dilimlenmiş (bkz.eğim)

1 13,5 ons normal hindistancevizi sütü (Nature's Way gibi)

½ su bardağı tavuk kemiği suyu (bkz.yemek tarifi) veya ilave tuz içermeyen tavuk suyu

¼ fincan taze ananas suyu

3 yemek kaşığı ilave yağ içermeyen tuzsuz kaju yağı

1 su bardağı taze ananas, doğranmış

Limon dilimleri

Taze kişniş, nane ve/veya Tay fesleğen

Kıyılmış kavrulmuş kaju

1. Fırını 400° F'ye ısıtın. Mikrodalga spagettiyi 3 dakika yüksekte ısıtın. Balkabağı dikkatlice uzunlamasına ikiye bölün ve tohumları kazıyın. Balkabağının kesik kenarlarına 1 yemek kaşığı hindistancevizi yağı sürün. Kabak yarımlarını kesilmiş tarafı aşağı gelecek şekilde bir fırın tepsisine yerleştirin. 40 ila 50 dakika veya balkabağı bıçakla delinene kadar pişirin. Bir çatalın dişlerini kullanarak posayı derilerden kazıyın ve servise hazır olana kadar sıcak tutun.

2. Bu arada orta boy bir kapta domuz eti, capesotta, limon suyu, zencefil, sarımsak, limon otu ve köri tozunu birleştirin; iyice karıştırın. Çok büyük bir tavada kalan 1 yemek kaşığı hindistancevizi yağını orta-yüksek ateşte ısıtın. Domuz karışımı ekleyin; pembeleşene kadar pişirin ve etin parçalanması için tahta kaşıkla karıştırın. Biber, soğan ve havuç ekleyin; yaklaşık 3 dakika veya sebzeler gevrekleşinceye kadar pişirin ve karıştırın. Bok choy, mantar, kırmızı biber, hindistan cevizi sütü, tavuk kemik suyu, ananas suyu ve kaju yağı ekleyin. Kaynatın; ısıyı azaltın. ananas ekleyin; tamamen ısınana kadar kapağı açık olarak pişirin.

3. Servis yapmak için spagetti kabağını dört servis kasesine bölün. Körili domuz etini balkabağının üzerine servis edin. Limon dilimleri, otlar ve kaju fıstığı ile servis yapın.

BAHARATLI SALATALIK SALATASI ILE BAHARATLI IZGARA DOMUZ EMPANADALARI

EV IŞI:Izgara 30 dakika: 10 dakika dinlenme: 10 dakika Verim: 4 porsiyon

ÇITIR SALATALIK SALATASITAZE NANE ILE TATLANDIRILMIŞ, BAHARATLI DOMUZ BURGERLERI IÇIN CANLANDIRICI VE FERAHLATICI BIR SOS.

⅓ su bardağı zeytinyağı

¼ su bardağı kıyılmış taze nane

3 yemek kaşığı beyaz şarap sirkesi

8 diş doğranmış sarımsak

¼ çay kaşığı karabiber

2 orta boy salatalık, çok ince dilimlenmiş

1 küçük soğan, ince dilimlenmiş (yaklaşık ½ bardak)

1¼ ila 1½ pound öğütülmüş domuz eti

¼ bardak kıyılmış taze kişniş

1 ila 2 taze orta boy jalapeno veya serrano biber, çekirdekleri çıkarılmış (isteğe bağlı) ve ince kıyılmış (bkz.eğim)

2 orta boy kırmızı biber, tohumlanmış ve dörde bölünmüş

2 çay kaşığı zeytinyağı

1. Büyük bir kapta ⅓ fincan zeytinyağı, nane, sirke, 2 diş kıyılmış sarımsak ve karabiberi karıştırın. Doğranmış salatalık ve soğan ekleyin. İyice kaplanana kadar karıştırın. Bir veya iki kez karıştırarak servis yapmaya hazır olana kadar örtün ve soğutun.

2. Büyük bir kapta domuz eti, kişniş, kırmızı biber ve kalan 6 diş kıyılmış sarımsağı birleştirin. Dört ¾ inç kalınlığında köfteye şekil verin. Biber çeyreklerini 2 çay kaşığı zeytinyağı ile hafifçe kaplayın.

3. Kömür ızgarası veya gazlı ızgara için köfteleri ve dilimlenmiş biberleri doğrudan orta ateşte koyun. Domuz köftesinin kenarlarına yerleştirilen anında okunan bir termometre 160 ° F'yi kaydedene ve biber çeyrekleri yumuşak ve hafifçe kömürleşene kadar örtün ve ızgara yapın, köfteleri ve çeyrek biberleri pişirme işleminin yarısında çevirin. Köfteler için 10 ila 12 dakika ve dilimlenmiş biberler için 8 ila 10 dakika bekleyin.

4. Çeyrek biber bittiğinde, tamamen kapatmak için bir parça alüminyum folyoya sarın. Yaklaşık 10 dakika veya işlenecek kadar soğuyana kadar bekletin. Keskin bir bıçakla biberin kabuğunu dikkatlice çıkarın. Biberleri uzunlamasına dörde bölün.

5. Servis etmek için üzerine salatalık salatası koyun ve dört büyük servis tabağına eşit olarak bölün. Her tabağa bir domuz köftesi ekleyin. Kırmızıbiber dilimlerini burger köftelerinin üzerine eşit şekilde dizin.

KURUTULMUŞ DOMATES PESTO, TATLI BIBER VE İTALYAN SOSISI ILE KABAK HAMURLU PIZZA

EV IŞI:30 dakika kaynatın: 15 dakika pişirin: 30 dakika Verim: 4 porsiyon

BU BIR BIÇAK VE ÇATAL PIZZA.SOSIS VE BIBERLERI PESTO KAPLI KABUĞA HAFIFÇE BASTIRDIĞINIZDAN EMIN OLUN, BÖYLECE SOSLAR PIZZAYI MÜKEMMEL BIR ŞEKILDE KESECEK KADAR YAPIŞIR.

2 yemek kaşığı zeytinyağı

1 yemek kaşığı ince öğütülmüş badem

1 büyük yumurta, hafifçe dövülmüş

½ su bardağı badem unu

1 yemek kaşığı taze kekik, şeritler halinde kesilmiş

¼ çay kaşığı karabiber

3 diş sarımsak

3½ su bardağı rendelenmiş kabak (2 orta boy)

İtalyan sosisi (bkz.<u>yemek tarifi</u>, altında)

1 yemek kaşığı sızma zeytinyağı

1 tatlı biber (sarı, kırmızı veya her birinin yarısı), temizlenmiş ve çok ince şeritler halinde kesilmiş

1 küçük soğan, ince kıyılmış

Kurutulmuş domates pesto (bkz.<u>yemek tarifi</u>, altında)

1. Fırını 425° F'ye ısıtın. 12 inçlik bir pizza tavasını 2 yemek kaşığı zeytinyağı ile yağlayın. Öğütülmüş badem serpin; kenara koymak

2. Tabanı için yumurta, badem unu, kekik, karabiber ve sarımsağı geniş bir kapta karıştırın. Rendelenmiş

kabakları temiz bir havlu veya bezin üzerine koyun. iyi paketle

IZGARA KUŞKONMAZ ILE LIMON VE KIŞNIŞ ILE TÜTSÜLENMIŞ KUZU BUDU

DALDIRMA:30 dakika hazırlama: 20 dakika ızgara: 45 dakika dinlenme: 10 dakika Verim: 6 ila 8 porsiyon

BU YEMEK BASIT AMA ZARIFBAHARDA CANLANAN IKI MALZEME: KUZU ETI VE KUŞKONMAZ. KIŞNIŞ TOHUMLARINI KAVURMAK SIZE SICAK, DÜNYEVI, HAFIF EKŞI BIR TAT VERIR.

1 su bardağı ceviz ağacı talaşı

2 yemek kaşığı kişniş tohumu

2 yemek kaşığı ince rendelenmiş limon kabuğu

1½ çay kaşığı karabiber

2 yemek kaşığı taze kekik, şeritler halinde kesilmiş

1 kemiksiz kuzu budu 2 ila 3 pound

2 demet taze kuşkonmaz

1 yemek kaşığı zeytinyağı

¼ çay kaşığı karabiber

1 adet dörde bölünmüş limon

1. Sigara içmeden en az 30 dakika önce, ceviz pullarını bir kasede kaynatın, üzerini kapatacak kadar suda ıslatın; kenara koymak Bu arada, orta ateşte küçük bir tavada kişniş tohumlarını yaklaşık 2 dakika veya kokulu ve çıtır çıtır olana kadar sık sık karıştırarak kızartın. Tohumları tavadan çıkarın; Serin. Tohumlar soğuduğunda havanda ezin (veya tohumları bir kesme tahtasına koyun ve bir tahta kaşığın arkasıyla ezin). Küçük bir kasede ezilmiş kişniş tohumları, limon

kabuğu rendesi, 1½ çay kaşığı yenibahar ve kekiği birleştirin; kenara koymak

2. Varsa ızgarayı rosto kuzudan çıkarın. Çalışma yüzeyinde pişirme yağı tarafı aşağı gelecek şekilde açın. Baharat karışımının yarısını etin üzerine serpin; parmaklarını ov. Kızartmayı sarın ve dört ila altı adet %100 pamuklu mutfak ipiyle bağlayın. Kalan baharat karışımını kızartmanın dışına serpin ve yapışması için hafifçe bastırın.

3. Kömürlü ızgara için, damlama kabının etrafına kömürleri orta ateşte koyun. Bir tavada orta ateşte deneyin. Süzülmüş kızartmaları kömürün üzerine serpin. Kuzu kızartmayı süzgeçteki tel ızgaranın üzerine yerleştirin. Örtün ve orta ateşte (145°F) 40 ila 50 dakika tütsüleyin. (Gazlı ızgara için ızgarayı önceden ısıtın. Isıyı ortama düşürün. Dolaylı pişirmeye ayarlayın. Üreticinin talimatlarına göre süzülmüş talaşların eklenmesi dışında yukarıdaki gibi tütsüleyin.) Kızartmayı gevşek bir şekilde folyo ile kaplayın. Kesmeden önce 10 dakika dinlendirin.

4. Bu sırada kuşkonmazın odunsu uçlarını kesin. Büyük bir kapta kuşkonmazı zeytinyağı ve ¼ çay kaşığı biberle karıştırın. Kuşkonmazı ızgaranın dış kenarlarına, doğrudan kömürlerin üzerine ve ızgara ızgarasına dik olacak şekilde yerleştirin. Örtün ve çıtır çıtır olana kadar 5 ila 6 dakika ızgara yapın. Kuşkonmazın üzerine limon dilimleri sıkın.

5. Kızaran kuzunun ipini çıkarın ve eti ince dilimler halinde kesin. Eti ızgara kuşkonmazla servis ediyoruz.

KUZU GÜVEÇ

BU LEZZETLI GULAŞ ILE IÇINI ISITINSONBAHAR VEYA KIŞ GECELERINDE. GÜVEÇ, DIJON HARDALI, KAJU KREMASI VE FRENK SOĞANI ILE TATLANDIRILMIŞ KADIFEMSI KEREVIZ VE YABAN HAVUCU PÜRESI ÜZERINDE SERVIS EDILIR. NOT: KEREVIZ KÖKÜNE BAZEN KEREVIZ DENIR.

10 tane karabiber

6 adaçayı yaprağı

3 bütün baharat

2 2 inçlik portakal kabuğu şeritleri

2 pound kemiksiz kuzu omuz

3 yemek kaşığı zeytinyağı

2 orta boy soğan, kabaca doğranmış

1 kutu 14,5 ons tuzsuz eklenmiş doğranmış domates, soyulmamış

1½ su bardağı dana kemik suyu (bkz.<u>yemek tarifi</u>) veya ilave tuz içermeyen et suyu

¾ fincan sek beyaz şarap

3 büyük diş sarımsak, doğranmış ve soyulmuş

2 pound kereviz kökü, soyulmuş ve 1 inçlik küpler halinde kesilmiş

6 orta boy yaban havucu, soyulmuş ve 1 inçlik dilimler halinde kesilmiş (yaklaşık 2 pound)

2 yemek kaşığı zeytinyağı

2 yemek kaşığı kaju kreması (bkz.<u>yemek tarifi</u>)

1 yemek kaşığı Dijon hardalı (bkz.<u>yemek tarifi</u>)

¼ fincan kıyılmış frenk soğanı

1. Buket garni için 7 inçlik ince bir kare kesin. Kurulama bezinin ortasına biber topları, adaçayı, yenibahar ve portakal kabuğunu yayın. Gazlı bezin köşelerini kaldırın ve %100 pamuklu temiz mutfak ipiyle sıkıca bağlayın. Kenara koyun.

2. Kuzu omzundaki yağı kesin; kuzu eti 1 inçlik parçalar halinde kesin. 3 yemek kaşığı zeytinyağını Hollandalı bir fırında orta ateşte ısıtın. Kuzu eti gerekirse gruplar halinde kızgın yağda kızarana kadar kızartın; Tavadan çıkarın ve sıcak tutun. Tavaya soğan ekleyin; 5 ila 8 dakika veya yumuşayana ve hafifçe kızarana kadar pişirin. Buket garni, soyulmamış domates, 1¼ bardak dana kemik suyu, şarap ve sarımsak ekleyin. Kaynatın; ısıyı azaltın. Ara sıra karıştırarak 2 saat kapağı kapalı olarak pişirin. Buket garniyi çıkarın ve atın.

3. Bu arada kerevizi ve yaban havucunu geniş bir tavada püre haline getirin; su ile örtün. Orta-yüksek ateşte kaynatın; ısıyı düşük seviyeye indirin. Örtün ve 30 ila 40 dakika veya sebzeler çatalla delinene kadar yumuşayana kadar pişirin. Deşarj; sebzeleri mutfak robotuna koyun. Kalan ¼ su bardağı dana kemik suyu ve 2 yemek kaşığı yağı ekleyin; Püre neredeyse pürüzsüz olana ancak yine de biraz dokuya sahip olana kadar nabız atın, kenarlarını sıyırmak için bir veya iki kez durun. Püreyi bir kaseye aktarın. Kaju kreması, hardal ve yeşil soğanı ekleyin.

4. Servis yapmak için püreyi dört kaseye bölün; sıcak bir kuzu yemeği ile doldurun.

KEREVIZ ERIŞTE ILE KUZU GÜVEÇ

EV IŞI:30 dakikada pişirin: 1 saat 30 dakika Verim: 6 porsiyon

KEREVIZ KÖKÜ BAMBAŞKA BIR GÖRÜNÜME BÜRÜNÜR.BU GULAŞTA SICAK KUZU YEMEĞINDEN DAHA FAZLA (BKZ.YEMEK TARIFI). CEVIZ AROMALI ÇOK INCE MEYAN KÖKÜ ŞERITLERI YAPMAK IÇIN BIR MANDOLIN DILIMLEYICI KULLANILIR. "ERIŞTE" YUMUŞAYANA KADAR GÜVEÇTE PIŞIRILIR.

2 çay kaşığı limon baharatı (bkz.yemek tarifi)

1½ pound renkli kuzu, 1 inçlik küpler halinde kesin

2 yemek kaşığı zeytinyağı

2 bardak doğranmış soğan

1 su bardağı doğranmış havuç

1 su bardağı kıyılmış şalgam

1 yemek kaşığı kıyılmış sarımsak (6 diş)

2 yemek kaşığı tuz eklenmemiş domates püresi

½ su bardağı kuru kırmızı şarap

4 su bardağı dana kemik suyu (bkz.yemek tarifi) veya ilave tuz içermeyen et suyu

1 defne yaprağı

2 su bardağı 1 inç küp balkabagi

1 su bardağı doğranmış patlıcan

1 pound soyulmuş kereviz kökü

kıyılmış taze maydanoz

1. Fırını 250° F'ye önceden ısıtın. Kuzunun üzerine limon ve bitki çeşnisini eşit şekilde serpin. Kaplamak için hafifçe atın. 6-8 litrelik bir Hollanda fırınını orta-yüksek ateşte

ısıtın. 1 çorba kaşığı zeytinyağı ve fırında terbiyeli kuzu hollandaise'nin yarısını ekleyin. Eti her taraftan kızgın yağda kızartın; Kızarmış eti bir tabağa koyun ve kalan kuzu eti ve zeytinyağı ile tekrarlayın. Isıyı orta seviyeye düşürün.

2. Soğanı, havucu ve şalgamı tencereye ekleyin. Sebzeleri 4 dakika pişirin ve karıştırın; sarımsak ve domates püresini ekleyip 1 dakika daha pişirin. Kırmızı şarabı, dana kemik suyunu, defne yaprağını ve ayrılmış eti ve tencerede birikmiş olan suyu ekleyin. Karışımı kaynatın. Hollandalı fırını önceden ısıtılmış fırına örtün ve yerleştirin. 1 saat pişirin. Kabak ve patlıcanı ekleyin. Fırına dönün ve 30 dakika daha pişirin.

3. Güveç fırındayken kerevizi mandolin yardımıyla çok ince dilimleyin. Kereviz dilimlerini ½ inç genişliğinde şeritler halinde kesin. (Yaklaşık 4 bardak almalısınız.) Kereviz şeritlerini güveçte karıştırın. Yaklaşık 10 dakika veya yumuşayana kadar pişirin. Servis yapmadan önce gulaşı çıkarın ve defne yaprağını atın. Her parçayı kıyılmış maydanoz serpin.

BAHARATLI NAR VE HURMA SOSLU KUZU PIRZOLA

EV IŞI:Pişirme 10 dakika: Soğutma 18 dakika: 10 dakika Verim: 4 porsiyon

"FRANSIZ" TERIMI KABURGA ANLAMINA GELIRKESKIN BIR MUTFAK BIÇAĞIYLA IÇINDEKI YAĞI, ETI VE LIFI ÇIKARDIK. ÇEKICI BIR SUNUMDUR. KASABINIZA SORUN VEYA KENDINIZ YAPIN.

HINT TURŞUSU

½ su bardağı şekersiz nar suyu

1 yemek kaşığı taze limon suyu

1 arpacık soğan, soyulmuş ve ince halkalar halinde kesilmiş

1 tatlı kaşığı ince rendelenmiş portakal kabuğu

⅓ su bardağı kıyılmış Medjool hurması

¼ çay kaşığı öğütülmüş kırmızı biber

¼ fincan nar *

1 yemek kaşığı zeytinyağı

1 yemek kaşığı kıyılmış taze İtalyan (doğranmış) maydanoz

KUZU KABURGA

2 yemek kaşığı zeytinyağı

8 Fransız kuzu kaburga

1. Acı sos için nar suyu, limon suyu ve arpacık soğanı küçük bir sos tenceresinde karıştırın. Kaynatın; ısıyı azaltın. 2 dakika ağzı kapalı olarak kaynatın. Portakal kabuğu, hurma ve toz kırmızı biberi ekleyin. Soğuyana kadar yaklaşık 10 dakika bekletin. Nar gülü, 1 yemek kaşığı zeytinyağı ve maydanozu ekleyin. Servis yapana kadar oda sıcaklığında bekletin.

2. Pirzola için 2 yemek kaşığı zeytinyağını büyük bir tavada orta ateşte ısıtın. Parçalar halinde pirzolaları tavaya ekleyin ve kısık ateşte (145°F) 6 ila 8 dakika bir kez çevirerek pişirin. Acı sosu üst pirzolaların üzerine dökün.

*Not: Taze narlar ve çekirdekleri Ekim'den Şubat'a kadar mevcuttur. Bunları bulamazsanız, Hint turşusuna çıtır çıtır eklemek için şekersiz kurutulmuş tohumlar kullanın.

CHIMICHURRI KAVRULMUŞ TURPLU KUZU FILETO

EV IŞI:30 dakika Marine etme: 20 dakika Pişirme: 20 dakika
Verim: 4 porsiyon

ARJANTIN'DE CHIMICHURRI EN POPÜLER ÇEŞNIDIR.BU
ÜLKENIN ÜNLÜ GAUCHO TARZI IZGARA BIFTEĞINE EŞLIK
EDEN. BIRÇOK VARYASYON VARDIR, ANCAK KALIN BIR BITKI
SOSU GENELLIKLE MAYDANOZ, KIŞNIŞ VEYA KEKIK, ARPACIK
VE/VEYA SARIMSAK, EZILMIŞ KIRMIZI BIBER, ZEYTINYAĞI VE
KIRMIZI ŞARAP SIRKESI ILE YAPILIR. IZGARA BIFTEKLE
MÜKEMMEL, ANCAK TAVADA VEYA TAVADA KIZARTILMIŞ
KUZU, TAVUK VE DOMUZ PIRZOLASI ILE EŞIT DERECEDE
HARIKA.

8 adet 1 cm kalınlığında dilimlenmiş kuzu pirzola

½ su bardağı chimichurri sosu (bkz.<u>yemek tarifi</u>)

2 yemek kaşığı zeytinyağı

1 tatlı soğan, ikiye bölünmüş ve doğranmış

1 çay kaşığı kimyon tohumu, ezilmiş*

1 diş sarımsak

1 baş hindiba, temizlenmiş ve ince şeritler halinde kesilmiş

1 yemek kaşığı balzamik sirke

1. Kuzu pirzolaları çok geniş bir kaseye koyun. Üzerine 2
   yemek kaşığı chimichurri sosu ekleyin. Parmaklarınızı
   kullanarak sosu her bir pirzola yüzeyinin tamamına
   yayın. Pirzolaları oda sıcaklığında 20 dakika marine
   edin.

2. Bu arada sotelenmiş hindiba salatası için çok geniş bir
   tavada 1 yemek kaşığı zeytinyağını kızdırın. Soğan,

kimyon ve sarımsak ekleyin; 6 ila 7 dakika veya soğan yumuşayana kadar sık sık karıştırarak pişirin. hindiba ekleyin; 1 ila 2 dakika veya hindiba hafifçe solana kadar pişirin. Salatayı geniş bir kaseye aktarın. Balzamik sirkeyi ekleyin ve birleştirmek için iyice karıştırın. Örtün ve sıcak tutun.

3. Tavayı temizleyin. Kalan 1 çorba kaşığı zeytinyağını tavaya ekleyin ve orta-yüksek ateşte ısıtın. Kuzu pirzolası ekleyin; ısıyı orta seviyeye düşürün. 9 ila 11 dakika veya istenen pişene kadar pişirin, ara sıra maşayla pirzola çevirin.

4. Pirzolaları salata ve kalan chimichurri sosuyla birlikte servis edin.

*Not: Kimyon tohumlarını ezmek için bir patates ezici kullanın veya tohumları bir kesme tahtasına koyun ve bir şef bıçağıyla ezin.

HAMSI VE ADAÇAYI ILE MARINE EDILMIŞ KUZU PIRZOLA, HAVUÇ VE TATLI PATATES REMOULADE ILE

EV IŞI:Soğuk 12 dakika: 1 ila 2 saat Izgara: 6 dakika Verim: 4 porsiyon

ÜÇ ÇEŞIT KUZU PIRZOLASI VARDIR.KALIN ETLI FILETO PIRZOLA, KÜÇÜK KABURGA GIBI GÖRÜNÜR. BURADA ANILAN PIRZOLA, KUZU INCIK KEMIKLERININ ARASINDAN KESILEREK OLUŞTURULUR. ÇOK YUMUŞAKTIRLAR VE YANLARINDA ÇEKICI BIR UZUN KEMIĞE SAHIPTIRLER. GENELLIKLE IZGARA VEYA IZGARA OLARAK SERVIS EDILIRLER. EKONOMI OMUZ BIFTEĞI, DIĞER IKI TÜRE GÖRE BIRAZ DAHA YAĞLI VE DAHA AZ YUMUŞAKTIR. ONLARI KIZARTMAK VE ARDINDAN ŞARAP, ET SUYU VE DOMATES VEYA YUKARIDAKILERIN BIR KOMBINASYONUNDA KIZARTMAK EN IYISIDIR.

- 3 orta boy havuç, iri rendelenmiş
- 2 küçük tatlı patates, rendelenmiş* veya iri rendelenmiş
- ½ fincan Paleo Mayo (bkz.<u>yemek tarifi</u>)
- 2 yemek kaşığı taze limon suyu
- 2 çay kaşığı Dijon hardalı (bkz.<u>yemek tarifi</u>)
- 2 yemek kaşığı kıyılmış taze maydanoz
- ½ çay kaşığı karabiber
- ½ ila ¾ inç kalınlığında dilimler halinde kesilmiş 8 kuzu kaburga
- 2 yemek kaşığı rendelenmiş taze adaçayı veya 2 çay kaşığı ezilmiş kuru adaçayı
- 2 çay kaşığı öğütülmüş ancho chilies
- ½ çay kaşığı sarımsak tozu

1. Remoulade için havuçları ve tatlı patatesleri orta boy bir
   kapta karıştırın. Küçük bir kapta Paleo Mayo, limon
   suyu, Dijon hardalı, maydanoz ve karabiberi karıştırın.
   Havuç ve tatlı patateslerin üzerine dökün; bir ceket atın.
   Örtün ve 1 ila 2 saat soğutun.

2. Bu arada adaçayı, ancho chilies ve sarımsak tozunu küçük
   bir kasede birleştirin. Baharat karışımını kuzu
   pirzolaların üzerine sürün.

3. Kömürlü veya gazlı ızgara için kuzu pirzolaları orta ateşte
   doğrudan ızgaraya yerleştirin. Orta pişmiş (145°F) için
   üzerini kapatın ve 6 ila 8 dakika veya orta pişmiş
   (150°F) için 10 ila 12 dakika, ızgaranın ortasında bir
   kez çevirerek ızgara yapın.

4. Kuzu pirzolayı remoulade ile servis edin.

*Not: Tatlı patatesleri dilimlemek için jülyen ekli bir
   mandolin kullanın.

BAHÇEDEN KIRMIZI BIBERLI SOS ILE DOLDURULMUŞ KUZU BURGERLER

EV IŞI:20 dakika dinlenme: 15 dakika Izgara: 27 dakika Verim: 4 porsiyon

COULIS, BASIT BIR PÜRÜZSÜZ SOSTAN BAŞKA BIR ŞEY DEĞILDIR.MEYVE VEYA SEBZE PÜRESINDEN YAPILIR. BU KUZU BURGERLERDEKI PARLAK VE GÜZEL KIRMIZI BIBER SOSU, IZGARADAN VE BIR TUTAM TÜTSÜLENMIŞ KIRMIZI BIBERDEN IKI DOZ DUMAN ALIR.

KIRMIZI BIBER SOSU

- 1 büyük kırmızı biber
- 1 yemek kaşığı sek beyaz şarap sirkesi veya beyaz şarap
- 1 çay kaşığı zeytinyağı
- ½ çay kaşığı füme kırmızı biber

BURGERLER

- ¼ su bardağı güneşte kurutulmuş domates, şeritler halinde kesilmiş
- ¼ su bardağı rendelenmiş kabak
- 1 yemek kaşığı kıyılmış taze fesleğen
- 2 çay kaşığı zeytinyağı
- ½ çay kaşığı karabiber
- 1½ pound kıyma kuzu
- 1 yumurta akı, hafifçe çırpılmış
- 1 yemek kaşığı Akdeniz baharatı (bkz.yemek tarifi)

1. Biber sosu için kırmızı biberi doğrudan orta ateşte ızgaraya koyun. Örtün ve 15 ila 20 dakika veya

kömürleşene ve yumuşayana kadar ızgara yapın. Biberleri her 5 dakikada bir çevirin, böylece her iki tarafta da yansınlar. Izgaradan çıkarın ve biberleri tamamen kapatmak için hemen bir kağıt veya folyo torbaya koyun. 15 dakika veya işlenecek kadar soğuyana kadar bekletin. Cildi keskin bir bıçakla dikkatlice çıkarın ve atın. Biberleri uzunlamasına dörde bölün ve saplarını, çekirdeklerini ve bağırsaklarını çıkarın. Bir mutfak robotunda közlenmiş biber, şarap, zeytinyağı ve füme kırmızı biberi birleştirin. Örtün ve pürüzsüz olana kadar işleyin veya karıştırın.

2. Bu arada, kuru domatesleri doldurmak için bir kaseye koyun ve üzerini kaynar su ile kapatın. 5 dakika bekletin; serbest bırakmak. Domatesleri ve rendelenmiş kabakları kağıt havlu ile kurulayın. Küçük bir kapta domates, kabak, fesleğen, zeytinyağı ve ¼ çay kaşığı karabiberi birleştirin; kenara koymak

3. Büyük bir kapta kuzu kıyması, yumurta akı, kalan ¼ çay kaşığı karabiber ve Akdeniz baharatını birleştirin; iyice karıştırın. Et karışımını sekiz eşit parçaya bölün ve her birini ¼ inç kalınlığında bir köfte haline getirin. Dolguyu dört köfteye dökün; kalan köfteleri üstüne koyun, dolguyu kapatmak için kenarlara bastırın.

4. Köfteleri orta sıcaklıkta doğrudan ızgaraya yerleştirin. Örtün ve 12 ila 14 dakika veya bitene kadar (160°F) ızgara yapın, ızgaranın ortasında bir kez çevirin.

5. Servis yapmak için burgerleri kırmızı biberli çorbanın üzerine yerleştirin.

DUBLE KEKIK VE CACIK SOSLU KUZU ŞIŞ

DALDIRMA:30 dakika hazırlama: 20 dakika soğutma: 30 dakika ızgara: 8 dakika Verim: 4 porsiyon

BU KUZU ŞIŞLERI TEMEL OLARAKAKDENIZ VE ORTA DOĞU'DA KOFTA OLARAK BILINEN ŞEY: TERBIYELI KIYMA (GENELLIKLE KUZU VEYA DANA ETI) TOPLAR VEYA BIR ŞIŞ ETRAFINDA ŞEKILLENDIRILIR VE ARDINDAN IZGARA YAPILIR. TAZE VE KURUTULMUŞ KEKIK ONLARA HARIKA BIR YUNAN AROMASI VERIR.

8 adet 10 inçlik tahta şiş

KUZU ŞIŞ

1½ pound yağsız kıyma kuzu

1 küçük soğan, rendelenmiş ve kuru sıkılmış

1 yemek kaşığı taze kekik, şeritler halinde kesilmiş

2 çay kaşığı kurutulmuş ezilmiş kekik

1 çay kaşığı karabiber

CACIK SOSU

1 su bardağı Paleo Mayo (bkz.yemek tarifi)

½ büyük salatalık, soyulmuş, dilimlenmiş ve kuru sıkılmış

2 yemek kaşığı taze limon suyu

1 diş sarımsak

1. Şişleri 30 dakika üzerlerini örtecek kadar suda bekletin.

2. Kuzu şiş için kuzu kıyma, soğan, taze ve kuru kekik ve biberi geniş bir kapta karıştırın; iyice karıştırın. Kuzu karışımını sekiz eşit parçaya bölün. 5 x 1 inçlik bir

kütük oluşturmak için her bölümü şişin yarısı kadar şekillendirin. Örtün ve en az 30 dakika soğutun.

3. Bu sırada Tzatziki sosu için küçük bir kapta paleo mayonez, salatalık, limon suyu ve sarımsağı birleştirin. Servis edilene kadar örtün ve buz dolabında saklayın.

4. Kömürlü veya gazlı ızgara için, kuzu şişlerini orta ateşte doğrudan ızgaraya yerleştirin. Örtün ve düşük ısıda (160°F) yaklaşık 8 dakika pişirin, ızgaranın ortasında bir kez çevirin.

5. Kuzu şişleri Tzatziki sos ile servis edin.

SAFRAN VE LIMON ILE IZGARA TAVUK

EV IŞI:15 dakika soğutma: 8 saat pişirme: 1 saat 15 dakika dinlenme: 10 dakika Verim: 4 porsiyon

SAFRAN KURUTULMUŞ ÇUBUKLARDIRÇIĞDEM ÇIÇEK TÜRLERI. PAHALIDIR, ANCAK BIRAZ UZUN BIR YOL KAT EDER. BU ÇITIR ÇITIR IZGARA TAVUĞA BELIRGIN BIR DÜNYEVI LEZZET VE HOŞ BIR SARI RENK TONU KATIYOR.

1 bütün tavuk 4 ila 5 pound

3 yemek kaşığı zeytinyağı

6 diş sarımsak, ezilmiş ve soyulmuş

1½ yemek kaşığı ince rendelenmiş limon kabuğu rendesi

1 yemek kaşığı taze kekik

1½ çay kaşığı öğütülmüş karabiber

½ çay kaşığı safran ipliği

2 defne yaprağı

1 adet dörde bölünmüş limon

1. Tavuğun boynunu ve sakatatlarını çıkarın; atın veya başka bir kullanım için saklayın. Tavuğun vücut boşluğunu yıkayın; kağıt havlularla kurulayın. Fazla deriyi veya yağı tavuktan çıkarın.

2. Zeytinyağı, sarımsak, limon kabuğu rendesi, kekik, biber ve safranı mutfak robotunda karıştırın. Pürüzsüz bir macun oluşturmak için işlem yapın.

3. Macunu tavuğun dışına ve boşluğun içine yaymak için parmaklarınızı kullanın. Tavuğu büyük bir kaseye aktarın; örtün ve en az 8 saat veya gece boyunca soğutun.

4. Fırını 425° F'ye ısıtın. Tavuğun içine çeyrek limon ve defne yaprağı koyun. Bacakları %100 pamuklu mutfak ipi ile bağlayın. Kanatları tavuğun altına sokun. Kemiğe dokunmadan uyluk kasına bir et termometresi yerleştirin. Tavuğu büyük bir kızartma tavasında bir rafa yerleştirin.

5. 15 dakika ızgara yapın. Fırın sıcaklığını 375°F'ye düşürün.Yaklaşık 1 saat daha fazla veya meyve suları berraklaşana ve termometre 175°F'yi gösterene kadar pişirin.Folyada çadır tavuğu. Kesmeden önce 10 dakika dinlendirin.

JICAMA SALATASI ILE KIZARMIŞ TAVUK

EV IŞI:40 dakika ızgara: 1 saat 5 dakika dinlenme: 10 dakika
verim: 4 porsiyon

"SPATCHCOCK" ESKI BIR YEMEK PIŞIRME TERIMIDIR.SON ZAMANLARDA BIR TAVUK VEYA CORNISH TAVUĞU GIBI KÜÇÜK BIR KUŞU SIRTINDAN AŞAĞI BÖLME VE DAHA HIZLI VE EŞIT ŞEKILDE PIŞIRMEK IÇIN BIR KITAP GIBI AÇIP DÜZLEŞTIRME SÜRECINI TANIMLAMAK IÇIN KULLANIMA GERI DÖNDÜ. KELEBEKLERIN UÇUŞUNA BENZER, ANCAK YALNIZCA KÜMES HAYVANLARI IÇIN GEÇERLIDIR.

TAVUK

1 poblano biber

1 yemek kaşığı ince kıyılmış maydanoz

3 diş sarımsak

1 çay kaşığı ince rendelenmiş limon kabuğu

1 çay kaşığı ince rendelenmiş kireç kabuğu

1 çay kaşığı tütsülenmiş baharat (bkz.yemek tarifi)

½ çay kaşığı ezilmiş kurutulmuş kekik

½ çay kaşığı öğütülmüş kimyon

1 yemek kaşığı zeytinyağı

1 bütün tavuk 3 ila 3½ pound

LÂHANA SALATASI

½ orta boy jicama, soyulmuş ve kabuğu çıkarılmış (yaklaşık
3 bardak)

½ su bardağı ince dilimlenmiş kapestos (4)

1 Granny Smith elma, soyulmuş, özlü ve jülyen doğranmış

⅓ su bardağı rendelenmiş taze kişniş

3 yemek kaşığı taze portakal suyu

3 yemek kaşığı zeytinyağı

1 çay kaşığı limon baharatı (bkz.<u>yemek tarifi</u>)

1. Kömürlü ızgara için, ızgaranın bir tarafına orta derecede sıcak kömürler koyun. Sıvıyı toplamak için ızgaranın boş tarafının altına bir kap yerleştirin. Poblano'yu ızgara ızgarasına doğrudan orta-sıcak kömürlerin üzerine yerleştirin. Örtün ve 15 dakika veya poblano her taraftan kömürleşene kadar ara sıra çevirerek ızgara yapın. Poblano'yu hemen folyoya sarın; 10 dakika dinlenmeye bırakın. Folyoyu açın ve poblanoyu uzunlamasına ikiye bölün; sapları ve tohumları çıkarın (bkz.<u>eğim</u>). Keskin bir bıçak kullanarak cildi nazikçe çıkarın ve atın. Poblanoyu ince ince doğrayın. (Gazlı ızgara için, ızgarayı önceden ısıtın; ısıyı orta seviyeye düşürün. Dolaylı pişirmeye ayarlayın. Yukarıdaki gibi ızgara yapın, brülör üzerinde yanıyor.)

2. Sosu için küçük bir kapta poblano, arpacık soğanı, sarımsak, limon kabuğu rendesi, limon kabuğu rendesi, tütsülenmiş baharat, kekik ve kimyonu karıştırın. Yağ ekle; bir macun oluşturmak için iyice karıştırın.

3. Tavuğu yağlamak için boyun ve sakatatları çıkarın (başka bir kullanım için saklayın). Tavuk göğsü tarafı alta gelecek şekilde bir kesme tahtası üzerine yerleştirin. Mutfak makası kullanarak, boynun ucundan başlayarak omurganın bir tarafında uzunlamasına bir kesim yapın. Omurganın karşı tarafında uzunlamasına kesimi tekrarlayın. Omurgayı çıkarın ve atın. Tavuk derisini yukarı gelecek şekilde yerleştirin. Göğüs kemiğini

kırmak için göğüslerin arasına bastırın, böylece tavuk düz durur.

4. Göğsün bir tarafındaki boyundan başlayarak, uyluğa doğru hareket ederken parmaklarınızı deri ile et arasına sokun. Uyluğun etrafındaki cildi gevşetin. Diğer tarafta tekrarlayın. Eti tavuğun derisinin altına yaymak için parmaklarınızı kullanın.

5. Tavuk göğsü tarafı alta gelecek şekilde tavanın üzerindeki rafa yerleştirin. Folyoya veya büyük bir dökme demir tavaya sarılmış iki tuğla ile ağırlık. Örtün ve 30 dakika ızgara yapın. Tavuk kemiğini rafa çevirin ve küpler veya tava ile tekrar tartın. Yaklaşık 30 dakika daha uzun süre veya tavuk pembeleşene kadar (uylukta 175°F) üstü kapalı ızgara yapın. Tavuğu ızgaradan çıkarın; 10 dakika dinlenmeye bırakın. (Gazlı ızgara için tavuğu ızgaraya ısıdan uzağa yerleştirin. Yukarıdaki gibi ızgara yapın.)

6. Bu arada salata için jicama, yeşil soğan, elma ve kişnişi geniş bir kapta birleştirin. Küçük bir kapta portakal suyu, yağ ve baharatları limon otları ile karıştırın. Jicama karışımının üzerine dökün ve kaplamak için fırlatın. Tavukları salata ile birlikte servis edin.

VOTKA, HAVUÇ VE DOMATES SOSLU IZGARA TAVUK PARÇALARI

EV IŞI:Pişirme 15 dakika: Pişirme 15 dakika: 30 dakika Verim: 4 porsiyon

VOTKA ÇEŞITLI MALZEMELERDEN YAPILABILIRPATATES, MISIR, ÇAVDAR, BUĞDAY VE ARPA, HATTA ÜZÜM GIBI ÇEŞITLI YIYECEKLER. BU SOSTA FAZLA VOTKA OLMASA DA, DÖRT PORSIYONA BÖLERSENIZ, PALEO DOSTU YAPMAK IÇIN PATATES VEYA ÜZÜMLE YAPILAN VOTKA ARAYIN.

3 yemek kaşığı zeytinyağı

4 kemikli tavuk budu veya derisiz etli tavuk parçaları

1 28 ons tuz eklenmemiş erik domatesleri, süzülmüş

½ su bardağı ince kıyılmış soğan

½ su bardağı ince doğranmış havuç

3 diş sarımsak

1 çay kaşığı Akdeniz baharatı (bkz.yemek tarifi)

⅛ çay kaşığı acı biber

1 dal taze biberiye

2 kaşık votka

1 yemek kaşığı kıyılmış taze fesleğen (isteğe bağlı)

1. Fırını 375° F'ye ısıtın. 2 yemek kaşığı yağı orta-yüksek ateşte çok büyük bir tavada ısıtın. tavuk ekleyin; yaklaşık 12 dakika veya kızarana ve eşit şekilde kızarana kadar pişirin. Tepsiyi ısıtılmış fırına yerleştirin. 20 dakika üstü açık ızgara yapın.

2. Bu arada sos için mutfak makası kullanarak domatesleri dilimleyin. Kalan yemek kaşığı yağı orta ateşte orta boy

bir tavada ısıtın. Soğan, havuç ve sarımsağı ekleyin; sık sık karıştırarak 3 dakika veya yumuşayana kadar pişirin. Doğranmış domatesleri, Akdeniz baharatlarını, acı biberi ve bir dal biberiyeyi ekleyin. Orta-yüksek ateşte kaynatın; ısıyı azaltın. Ara sıra karıştırarak 10 dakika kapağı açık olarak pişirin. votka ekleyin; 1 dakika daha pişirin; biberiye dalını çıkarın ve atın.

3. Sosu tavadaki tavuğun üzerine servis edin. Tavayı fırına geri koyun. Yaklaşık 10 dakika daha uzun süre veya tavuk yumuşayıncaya ve artık pembeliği (175°F) geçene kadar üstü kapalı olarak ızgara yapın. İsteğe göre fesleğen serpin.

POULET RÔTI VE RUTABAGA FRITES

ÇITIR RUTABAGA KIZARTMASI LEZZETLIDIRIZGARA TAVUK VE BERABERINDEKI YEMEK SULARI ILE SERVIS EDILIR, ANCAK KENDI BAŞINA EŞIT DERECEDE LEZZETLIDIR VE PALEO DOMATES SOSU ILE SERVIS EDILIR (BKZ.YEMEK TARIFI) VEYA PALEO AIOLI (SARIMSAKLI MAYONEZ, YANIYEMEK TARIFI).

6 yemek kaşığı zeytinyağı

1 yemek kaşığı Akdeniz baharatı (bkz.yemek tarifi)

4 kemiksiz, derisiz tavuk budu (toplam yaklaşık 1 ¼ pound)

4 derisiz tavuk baldırı (toplam yaklaşık 1 pound)

1 su bardağı kuru beyaz şarap

1 su bardağı tavuk kemiği suyu (bkz.yemek tarifi) veya ilave
    tuz içermeyen tavuk suyu

1 küçük soğan, dörde bölünmüş

Zeytin yağı

1½ ila 2 pound rutabaga

2 yemek kaşığı taze frenk soğanı, şeritler halinde kesilmiş

karabiber

1. Fırını 400° F'yc önceden ısıtın. Küçük bir kapta 1 yemek
   kaşığı zeytinyağı ile Akdeniz baharatını birleştirin;
   tavuk parçalarını kaplayın. 2 yemek kaşığı yağı çok
   büyük bir fırın güvenli tavada ısıtın. Tavuk parçalarını
   et tarafı aşağı gelecek şekilde ekleyin. Açıkta yaklaşık 5
   dakika veya altın rengi kahverengi olana kadar pişirin.
   Tavayı ocaktan alın. Kızarmış tarafı yukarı gelecek

şekilde tavuk parçalarını çevirin. Şarabı, tavuk kemiği suyunu ve soğanı ekleyin.

2. Tavayı fırının orta rafına yerleştirin. 10 dakika üstü açık olarak pişirin.

3. Bu sırada geniş bir fırın tepsisini kızartmak için zeytinyağı ile kaplayın; kenara koymak Rutabagaları soyun. Keskin bir bıçak kullanarak, rutabagaları ½ inçlik dilimler halinde kesin. Dilimleri uzunlamasına ½ inçlik şeritler halinde kesin. Büyük bir kapta, şalgam şeritlerini kalan 3 yemek kaşığı yağla karıştırın. Rutabaga şeritlerini hazırlanan fırın tepsisine tek bir tabaka halinde yerleştirin; fırının üst rafına yerleştirin. 15 dakika pişirin; Patates kızartması. Tavuğu 10 dakika daha veya pembeliği kaybolana kadar (175°F) pişirin. Tavuğu fırından çıkarın. Patatesleri 5 ila 10 dakika veya altın rengi kahverengi ve yumuşak olana kadar pişirin.

4. Tavuğu ve soğanı tavadan alın ve suyunu saklayın. Tavuğu ve soğanı sıcak tutmak için örtün. Meyve sularını orta ateşte kaynatın; ısıyı azaltın. Yaklaşık 5 dakika veya suları hafifçe azalana kadar kapağı açık şekilde pişirin.

5. Servis etmek için patates kızartmasını frenk soğanı serpin ve karabiber serpin. Tavuğu pişirme suyu ve patates dilimleri ile servis edin.

FRENK SOĞANI PÜRESI ILE ÜÇ MANTARLI COQ AU VIN

EV IŞI:15 dakika pişirme süresi: 1 saat 15 dakika Verim: 4 - 6 porsiyon

KAPTA KUM VARSAKURU MANTARLARI ISLATTIKTAN SONRA MUHTEMELEN BIR MIKTAR OLACAKTIR, SIVIYI INCE BIR ELEKTEN GEÇIRDIĞINIZ ÇIFT KALIN BIR TÜLBENTTEN GEÇIRIN.

1 ons kurutulmuş porçini mantarı veya kuzugöbeği

1 su bardağı kaynar su

2 ila 2½ pound derisiz tavuk baldırları ve baldırları karabiber

2 yemek kaşığı zeytinyağı

2 orta boy pırasayı uzunlamasına ikiye bölün, durulayın ve ince dilimler halinde kesin.

2 portobello mantarı, dilimlenmiş

8 ons taze istiridye mantarı, saplı ve dilimlenmiş veya taze mantar, dilimlenmiş

¼ su bardağı tuz eklenmemiş domates püresi

1 çay kaşığı ezilmiş kurutulmuş mercanköşk

½ çay kaşığı ezilmiş kuru kekik

½ su bardağı kuru kırmızı şarap

6 su bardağı tavuk kemiği suyu (bkz.<u>yemek tarifi</u>) veya ilave tuz içermeyen tavuk suyu

2 defne yaprağı

2 ila 2 pound rutabagas, soyulmuş ve dilimlenmiş

2 yemek kaşığı taze frenk soğanı, şeritler halinde kesilmiş

½ çay kaşığı karabiber

kıyılmış taze kekik (isteğe bağlı)

1. Mantarları ve kaynar suyu küçük bir kapta birleştirin; 15 dakika dinlendirin. Mantarları çıkarın ve ıslatma sıvısını ayırın. Mantarları doğrayın. Mantarları ve ıslatma sıvısını bir kenara koyun.

2. Tavuğu biber serpin. Sıkıca kapanan çok büyük bir tavada 1 çorba kaşığı zeytinyağını orta-yüksek ateşte ısıtın. Tavuk parçalarını iki parti halinde kızgın yağda yaklaşık 15 dakika hafifçe kızarana kadar bir kez çevirerek kızartın. Tavuğu tavadan çıkarın. Pırasaları, portobello mantarlarını ve istiridyeleri ekleyin. ara sıra karıştırarak 4 ila 5 dakika veya mantarlar kızarana kadar pişirin. Domates püresi, mercanköşk ve kekik ekleyin; 1 dakika karıştırarak pişirin. Şarap ekleyin; 1 dakika karıştırarak pişirin. 3 su bardağı tavuk kemiği suyu, defne yaprağı, ½ su bardağı ayrılmış mantar ıslatma sıvısı ve rehidrate kıyılmış mantarları ekleyin. Tavuğu tavaya geri koyun. Kaynatın; ısıyı azaltın. Örtün ve kısık ateşte pişirin.

3. Bu sırada şalgamları ve kalan 3 su bardağı suyu büyük bir tencerede birleştirin. Rutabagaları örtmek için gerektiği kadar su ekleyin. Kaynatın; ısıyı azaltın. Açıkta, 25 ila 30 dakika veya rutabaga yumuşayana kadar ara sıra karıştırarak pişirin. Sıvıyı saklayarak rutabagaları boşaltın. Rutabagaları tavaya geri koyun. Kalan 1 çorba kaşığı zeytinyağı, yeşil soğan ve ½ çay kaşığı biber ekleyin. Bir patates ezici kullanarak, rutabaga karışımını ezin ve istenen kıvam için gerektiği kadar pişirme sıvısı ekleyin.

4. Defne yaprağını tavuk karışımından çıkarın; atmak Püre haline getirilmiş rutabagaların üzerine tavuk ve sos servis edin. İsterseniz taze kekik serpin.

ŞEFTALI BRENDI SIRLI BARLAR

EV IŞI:30 dakika ızgara: 40 dakika verim: 4 porsiyon

BU TAVUK BUTLARI MÜKEMMELBAHARATLI TUNUS DOMUZ OMZUNDAN ÇITIR ÇITIR SALATA VE BAHARATLI FIRINDA PATATES KIZARTMASI ILE (BKZ.<u>YEMEK TARIFI</u>). TURP, MANGO VE NANE ILE ÇITIR ÇITIR LAHANA TURŞUSU ILE BURADA GÖSTERILMIŞTIR (BKZ.<u>YEMEK TARIFI</u>).

ŞEFTALI VE BRENDI SIR

- 1 yemek kaşığı zeytinyağı
- ½ bardak doğranmış soğan
- 2 orta boy taze şeftali, ikiye bölünmüş, çekirdeksiz ve dilimlenmiş
- 2 yemek kaşığı brendi
- 1 su bardağı barbekü sosu (bkz.<u>yemek tarifi</u>)
- 8 tavuk budu (toplam 2 ila 2½ pound), gerekirse derisi alınmış

1. Üzeri için zeytinyağını orta boy bir tavada orta ateşte ısıtın. soğan ekleyin; ara sıra karıştırarak yaklaşık 5 dakika veya yumuşayana kadar pişirin. Şeftalileri ekleyin. Örtün ve ara sıra karıştırarak 4 ila 6 dakika veya şeftalilar yumuşayana kadar pişirin. brendi ekleyin; ara sıra karıştırarak 2 dakika kapağı açık olarak pişirin. Biraz soğumaya bırakın. Şeftali karışımını bir karıştırıcıya veya mutfak robotuna aktarın. Pürüzsüz olana kadar örtün ve karıştırın veya işleyin. Barbekü sosu ekleyin. Pürüzsüz olana kadar örtün ve karıştırın veya işleyin. Sosu tavaya geri koyun. Tamamen ısınana kadar orta-düşük ateşte pişirin. ¾ bardak sosu küçük

bir kaseye aktarın ve tavuğun üzerine fırçalayın. Kalan sosu ızgara tavukla birlikte servis etmek için sıcak tutun.

2. Kömürlü ızgara için, tavayı orta ateşte ısıtın. Bir damlama tavası üzerinde orta ateşte deneyin. Tavuk butlarını tavanın üzerindeki ızgara rafına yerleştirin. Örtün ve 40 ila 50 dakika veya tavuk artık pembe olmayana (175 ° F) kadar ızgara yapın, yarı yolda dönün ve son 5 dakika ¾ fincan brendi ve şeftali ile yağlayın. 10 dakika ızgara. (Gazlı ızgara için, ızgarayı önceden ısıtın. Isıyı orta seviyeye düşürün. Dolaylı pişirme için ısıyı ayarlayın. Isıdan kızartmak için tavuk butlarını ekleyin. Belirtildiği gibi örtün ve ızgara yapın) .

MANGO VE KARPUZ SALATASI ILE ŞILI MARINE EDILMIŞ TAVUK

EV IŞI:40 dakika soğutma / marine etme: 2 ila 4 saat ızgara: 50 dakika Verim: 6 ila 8 porsiyon

ANCHO ŞILI KURU BIR POBLANODUR— YOĞUN TAZE BIR TADA SAHIP, PARLAK, KOYU YEŞIL BIBERLER. ANCHO CHILI, ERIK VEYA KURU ÜZÜM IPUÇLARI VE SADECE BIR MIKTAR ACI ILE HAFIF MEYVEMSI BIR TADA SAHIPTIR. YENI MEKSIKA BIBERLERI ORTA DERECEDE SICAK OLABILIR. BUNLAR, GÜNEYBATI'NIN BAZI BÖLGELERINDE BIRBIRINE BAĞLANDIĞINI VE KURUTULMUŞ BIBERLERIN RENKLI ARANJMANLARI OLAN RISTRALARA ASILDIĞINI GÖRDÜĞÜMÜZ KOYU KIRMIZI BIBERLERDIR.

TAVUK

- 2 adet kurutulmuş New Mexico biberi
- 2 adet kurutulmuş anço biber
- 1 su bardağı kaynar su
- 3 yemek kaşığı zeytinyağı
- 1 büyük tatlı soğan, soyulmuş ve kalın dilimlenmiş
- 4 adet çekirdeksiz roma domates
- 1 yemek kaşığı kıyılmış sarımsak (6 diş)
- 2 çay kaşığı öğütülmüş kimyon
- 1 çay kaşığı ezilmiş kurutulmuş kekik
- 16 adet tavuk budu

SALATA

- 2 su bardağı dilimlenmiş karpuz

2 bardak doğranmış bal özü

2 su bardağı kıyılmış mango

¼ fincan taze limon suyu

1 çay kaşığı pul biber

½ çay kaşığı öğütülmüş kimyon

¼ bardak taze kişniş, doğranmış

1. Tavuk için, kurutulmuş New Mexico ve ancho biberlerinin saplarını ve tohumlarını çıkarın. Büyük bir tavayı orta ateşte ısıtın. Biberleri tavada 1 ila 2 dakika veya kokulu olana ve hafifçe kızarana kadar kızartın. Kavrulmuş biberleri küçük bir kaseye koyun; kaseye kaynar su ekleyin. En az 10 dakika veya kullanıma hazır olana kadar bekletin.

2. Izgarayı önceden ısıtın. Fırın tepsisini alüminyum folyo ile kaplayın; Folyoyu 1 yemek kaşığı zeytinyağı ile yağlayın. Tavaya soğan ve domates dilimlerini dizin. 6 ila 8 dakika veya yumuşayana ve kızarana kadar ısıdan yaklaşık 4 inç ızgara yapın. Biberleri suyunu bırakarak süzün.

3. Marine için kırmızı biber, soğan, domates, sarımsak, kimyon ve kekiği bir blender veya mutfak robotunda karıştırın. Örtün ve pürüzsüz olana kadar karıştırın veya işleyin, istenen kıvamda püre yapmak için gerektiği kadar ayrılmış su ekleyin.

4. Tavuğu geniş, açılıp kapanabilir bir plastik torbaya sığ bir kaseye koyun. Turşuyu torbadaki tavuğun üzerine dökün ve eşit şekilde kaplamak için torbayı çevirin. Torbayı ara sıra çevirerek buzdolabında 2 ila 4 saat marine edin.

5. Salata için karpuz, bal özü, mango, misket limonu suyu, kalan 2 yemek kaşığı zeytinyağı, pul biber, kimyon ve kişnişi çok geniş bir kapta karıştırın. Kaplamak için karıştırın. Örtün ve 1 ila 4 saat soğutun.

6. Kömürlü ızgara için, kömürleri damlama kabının etrafına orta ateşte koyun. Bir tavada orta ateşte deneyin. Turşuyu ayırarak tavuğu boşaltın. Tavuğu ızgarada tavaya yerleştirin. Tavuğu, ayrılmış turşunun bir kısmı ile serbestçe fırçalayın (fazla turşuyu atın). Örtün ve 50 dakika veya tavuk artık pembe olmayana kadar (175°F) ızgara yapın, ızgaranın ortasında bir kez çevirin. (Gazlı ızgara için ızgarayı önceden ısıtın. Isıyı orta seviyeye düşürün. Dolaylı pişirmeye ayarlayın. Belirtildiği gibi devam edin ve tavuğu ocağın üzerine koyun.) Tavuk butlarını salata ile servis edin.

SALATALIK RAITA ILE TANDIR TAVUK BUTLARI

EV IŞI:20 dakika Marine etme: 2 - 24 saat Izgara: 25 dakika
Verim: 4 porsiyon

RAITA KAJU FISTIĞINDAN YAPILIR.KREMA, LIMON SUYU, NANE, KIŞNIŞ VE SALATALIK. KESKIN, BAHARATLI TAVUĞA FERAHLATICI BIR KONTRPUAN SAĞLAR.

TAVUK
   1 soğan, ince halkalar halinde kesilmiş
   1 2-inç parça taze zencefil, soyulmuş ve dörde bölünmüş
   4 diş sarımsak
   3 yemek kaşığı zeytinyağı
   2 yemek kaşığı taze limon suyu
   1 çay kaşığı öğütülmüş kimyon
   1 çay kaşığı öğütülmüş zerdeçal
   ½ çay kaşığı öğütülmüş yenibahar
   ½ çay kaşığı öğütülmüş tarçın
   ½ çay kaşığı karabiber
   ¼ çay kaşığı acı biber
   8 tavuk budu

KUMARA RAITO
   1 su bardağı kaju kreması (bkz.<u>yemek tarifi</u>)
   1 yemek kaşığı taze limon suyu
   1 yemek kaşığı kıyılmış taze nane
   1 yemek kaşığı taze kişniş, şeritler halinde kesilmiş
   ½ çay kaşığı öğütülmüş kimyon
   ⅛ çay kaşığı karabiber

1 orta boy salatalık, soyulmuş, çekirdekleri çıkarılmış ve
    doğranmış (1 su bardağı)
Limon dilimleri

1. Soğan, zencefil, sarımsak, zeytinyağı, limon suyu, kimyon,
   zerdeçal, yenibahar, tarçın, karabiber ve acıyı bir
   blender veya mutfak robotunda karıştırın. Pürüzsüz
   olana kadar örtün ve karıştırın veya işleyin.

2. Her bacağı bir mutfak bıçağının ucuyla dört veya beş kez
   delin. Uylukları büyük bir kapta yeniden kapatılabilir
   büyük bir plastik torbaya koyun. Soğan karışımı
   ekleyin; Torbayı ara sıra çevirerek buzdolabında 2 ila
   24 saat marine edin.

3. Izgarayı önceden ısıtın. Tavuğu marinattan çıkarın.
   Yemek çubuklarındaki fazla turşuyu kağıt havluyla silin.
   Uylukları ısıtılmamış bir fırın tepsisinin ızgarasına veya
   alüminyum folyo ile kaplı bir fırın tepsisine yerleştirin.
   15 dakika boyunca ısı kaynağından 6 ila 8 inç ızgara
   yapın. Yemek çubuklarını çevirin; yaklaşık 10 dakika
   veya tavuk artık pembe olmayana kadar (175°F) pişirin.

4. Raita için kaju kreması, misket limonu suyu, nane, kişniş,
   kimyon ve karabiberi orta boy bir kapta karıştırın.
   Salatalığı yavaşça ekleyin.

5. Tavuğu raita ve limon dilimleri ile servis edin.

KÖK SEBZELER, KUŞKONMAZ VE NANE ILE YEŞIL ELMA ILE HAŞLANMIŞ KÖRILI TAVUK

EV IŞI:30 dakika pişirme: 35 dakika dinlenme: 5 dakika Verim: 4 porsiyon

2 yemek kaşığı rafine hindistan cevizi yağı veya zeytinyağı

2 pound kemiksiz tavuk göğsü, istenirse derisiz

1 bardak doğranmış soğan

2 yemek kaşığı rendelenmiş taze zencefil

2 yemek kaşığı kıyılmış sarımsak

2 yemek kaşığı tuzsuz köri

2 yemek kaşığı çekirdeksiz öğütülmüş jalapeño (bkz.<u>eğim</u>)

4 su bardağı tavuk kemiği suyu (bkz.<u>yemek tarifi</u>) veya ilave tuz içermeyen tavuk suyu

2 orta boy tatlı patates (yaklaşık 1 pound), soyulmuş ve doğranmış

2 orta boy kuyruk (yaklaşık 6 ons), soyulmuş ve dilimlenmiş

1 su bardağı çekirdekleri çıkarılmış ve doğranmış domates

8 ons kuşkonmaz, kesilmiş ve 1 inçlik parçalar halinde kesilmiş

1 13,5 ons normal hindistancevizi sütü (Nature's Way gibi)

½ su bardağı taze kişniş, şeritler halinde kesilmiş

Elma nane sosu (bkz.<u>yemek tarifi</u>, altında)

Limon dilimleri

1. Yağı 6 litrelik bir Hollanda fırınında orta-yüksek ateşte ısıtın. Tavuğu, yaklaşık 10 dakika boyunca eşit şekilde kızarana kadar sıcak yağda gruplar halinde kızartın. Tavuğu tabağa aktarın; kenara koymak

2. Sıcaklığı ortama ayarlayın. Tencereye soğan, zencefil, sarımsak, köri ve jalapeno ekleyin. Pişirin ve 5 dakika veya soğan yumuşayana kadar karıştırın. Tavuk kemik suyu, tatlı patates, şalgam ve domatesleri ekleyin. Tavuk parçalarını tencereye geri koyun ve tavuğu mümkün olduğu kadar çok sıvıya batırın. Isıyı orta-düşük seviyeye düşürün. Örtün ve 30 dakika veya tavuk pembeleşene ve sebzeler yumuşayana kadar pişirin. Kuşkonmaz, hindistan cevizi sütü ve kişniş ekleyin. Ateşten alın. 5 dakika bekletin. Gerekirse tavuğu kemiğinden ayırın ve servis kaselerine eşit olarak paylaştırın. Elma nane sosu ve limon dilimleri ile servis yapın.

Elma Sosu: Bir mutfak robotunda, toz haline gelene kadar ½ fincan şekersiz hindistancevizi pullarını öğütün. 1 su bardağı taze kişniş yaprağı ekleyin ve haşlayın; 1 su bardağı taze nane yaprağı; Soyulmuş ve dilimlenmiş 1 Granny Smith elması; 2 çay kaşığı öğütülmüş çekirdeksiz jalapeño (bkz.eğim); ve 1 yemek kaşığı taze limon suyu. İnce kıyılmış olana kadar nabız atın.

AHUDUDU, PANCAR VE KIZARMIŞ BADEMLI IZGARA TAVUK PAILLARD SALATASI

EV IŞI:30 dakika Pişirme: 45 dakika Marine etme: 15 dakika Izgara: 8 dakika Verim: 4 porsiyon

½ su bardağı bütün badem

1½ çay kaşığı zeytinyağı

1 orta boy pancar

1 orta boy pancar

2 6 ila 8 ons kemiksiz, derisiz yarım tavuk göğsü

2 su bardağı taze veya dondurulmuş ahududu, çözülmüş

3 yemek kaşığı kırmızı veya beyaz şarap sirkesi

2 yemek kaşığı taze tarhun, şeritler halinde kesilmiş

1 yemek kaşığı kıyılmış arpacık

1 çay kaşığı Dijon hardalı (bkz.<u>yemek tarifi</u>)

¼ su bardağı zeytinyağı

karabiber

8 su bardağı karışık sebze

1. Bademler için fırını önceden 400° F'ye ısıtın. Bademleri küçük bir fırın tepsisine yayın ve ½ çay kaşığı zeytinyağı gezdirin. Yaklaşık 5 dakika veya kokulu ve altın rengi olana kadar pişirin. Soğumaya bırakın. (Bademler 2 gün önceden kavrulup ağzı kapalı bir kapta saklanabilir.)

2. Pancarlar için, her pancarı küçük bir alüminyum folyo parçasına koyun ve ½ çay kaşığı zeytinyağı gezdirin. Folyoyu pancarların etrafına gevşek bir şekilde sarın ve bir fırın tepsisine veya tepsiye yerleştirin. 400°F fırında 40 ila 50 dakika veya bıçakla delinene kadar

yumuşayana kadar pişirin. Fırından çıkarın ve kullanılacak kadar soğuyana kadar dinlendirin. Bir soyma bıçağıyla cildi çıkarın. Pancarı dilimler halinde kesin ve bir kenara koyun. (Pancarların kararmaması için karıştırmayın. Pancarları 1 gün önceden kızartıp buzdolabında bekletebilirsiniz. Servis yapmadan önce oda sıcaklığına gelmesini bekleyin.)

3. Tavuk için, her bir tavuk göğsünü yatay olarak ikiye bölün. Her bir tavuk parçasını iki parça streç film arasına yerleştirin. Bir et tokmağı kullanarak, yaklaşık bir inç kalınlığa kadar hafifçe dövün. Tavuğu sığ bir kaseye koyun ve bir kenara koyun.

4. Büyük bir kapta, ¾ fincan ahududu salata sosu üzerinde bir çırpma teli ile hafifçe ezin (kalan ahududuları salata için ayırın). Sirke, tarhun, arpacık soğanı ve Dijon hardalı ekleyin; birleştirmek için çırpın. İnce bir akış halinde ¼ fincan zeytinyağı ekleyin ve iyice karıştırın. Tavuğun üzerine ½ su bardağı salata sosu gezdirin; tavuğu sarmak için ters çevirin (kalan salata suyunu salata için ayırın). Tavuğu 15 dakika oda sıcaklığında marine etmeye bırakın. Tavuğu turşudan çıkarın ve üzerine biber serpin; kapta kalan turşuyu atın.

5. Kömürlü veya gazlı ızgara için tavuğu orta ateşte doğrudan ızgaraya yerleştirin. Örtün ve 8 ila 10 dakika veya tavuk artık pembeleşene kadar ızgara yapın, ızgaranın ortasında bir kez çevirin. (Tavuğu ızgara tavasında da kızartabilirsiniz.)

6. Marulu, pancarı ve kalan 1¼ su bardağı ahududuları büyük bir kaseye atın. Ayrılmış salata suyunu salatanın

üzerine gezdirin; kaplamak için hafifçe fırlatın. Salatayı dört servis tabağına paylaştırın; her birinin üzerine bir parça ızgara tavuk göğsü koyun. Kavrulmuş bademleri iri parçalar halinde doğrayın ve üzerine serpin. Hemen servis yapın.

BROKOLI ILE DOLDURULMUŞ TAVUK GÖĞSÜ, TAZE DOMATES SOSU VE SEZAR SALATASI ILE

EV IŞI:40 dakika Pişirme süresi: 25 dakika Verim: 6 porsiyon

3 yemek kaşığı zeytinyağı

2 çay kaşığı kıyılmış sarımsak

¼ çay kaşığı öğütülmüş kırmızı biber

1 pound brokoli raaba, kırpılmış ve doğranmış

½ su bardağı kükürtsüz altın kuru üzüm

½ su bardağı su

4 kemiksiz derisiz tavuk göğsü yarısı, 5 ila 6 oz

1 bardak doğranmış soğan

3 su bardağı doğranmış domates

¼ fincan kıyılmış taze fesleğen

2 çay kaşığı kırmızı şarap sirkesi

3 yemek kaşığı taze limon suyu

2 yemek kaşığı Paleo Mayo (bkz.<u>yemek tarifi</u>)

2 çay kaşığı Dijon hardalı (bkz.<u>yemek tarifi</u>)

1 çay kaşığı kıyılmış sarımsak

½ çay kaşığı karabiber

¼ su bardağı zeytinyağı

10 su bardağı kıyılmış marul

1. 1 çorba kaşığı zeytinyağını büyük bir tavada orta-yüksek ateşte ısıtın. Sarımsak ve ezilmiş kırmızı biber ekleyin; pişirin ve 30 saniye veya kokulu olana kadar karıştırın. Doğranmış brokoli, kuru üzüm ve ½ su bardağı suyu ekleyin. Örtün ve yaklaşık 8 dakika veya brokoli yumuşayana kadar pişirin. Kapağı tavadan çıkarın; fazla suyun buharlaşmasına izin verin. Kenara koyun.

2. Küçük rulolar için her bir tavuk göğsünü uzunlamasına ikiye bölün; her parçayı iki plastik sargı parçası arasına yerleştirin. Bir et çekiçinin düz tarafını kullanarak tavuğu yaklaşık ¼ inç kalınlığa gelene kadar hafifçe dövün. Her rulonun kısa uçlarından birine yaklaşık ¼ fincan brokoli raab karışımı koyun; yuvarlayın, dolguyu tamamen kapatmak için yana doğru katlayın. (Börekler 1 gün öncesine kadar yapılabilir ve pişene kadar buzdolabında saklanabilir.)

3. 1 çorba kaşığı zeytinyağını büyük bir tavada orta-yüksek ateşte ısıtın. Ruloları dikiş yerleri aşağı bakacak şekilde ekleyin. Pişirme sırasında iki veya üç kez çevirerek yaklaşık 8 dakika veya her tarafı altın rengi kahverengi olana kadar pişirin. Ruloları bir tabağa aktarın.

4. Sos için kalan zeytinyağından 1 çorba kaşığı orta ateşte bir tavada ısıtın. soğan ekleyin; yaklaşık 5 dakika veya yarı saydam olana kadar pişirin. Domates ve fesleğen ekleyin. Ruloları fırın tepsisindeki sosun üzerine yerleştirin. Orta-yüksek ateşte kaynatın; ısıyı azaltın. Örtün ve yaklaşık 5 dakika veya domatesler parçalanmaya başlayana kadar ancak şeklini koruyana ve rulolar tamamen ısıtılana kadar pişirin.

5. Sos için küçük bir kapta limon suyu, paleo mayonez, Dijon hardalı, sarımsak ve karabiberi karıştırın. ¼ fincan zeytinyağında gezdirin ve emülsifiye olana kadar çırpın. Sosu büyük bir kapta doğranmış salata ile karıştırın. Servis yapmak için marulu altı servis tabağına paylaştırın. Ruloları kesin ve salatanın üzerine koyun; domates sosu gezdirin.

BAHARATLI SEBZELER VE ÇAM SOSU ILE IZGARA TAVUK SHAWARMA DÜRÜM

EV IŞI:20 dakika Marine etme: 30 dakika Izgara yapma: 10 dakika Yapım: 8 dürüm (4 porsiyon)

1½ pound kemiksiz, derisiz tavuk göğsü, 2 inçlik parçalar halinde kesilmiş

5 yemek kaşığı zeytinyağı

2 yemek kaşığı taze limon suyu

1¾ çay kaşığı öğütülmüş kimyon

1 çay kaşığı kıyılmış sarımsak

1 çay kaşığı kırmızı biber

½ çay kaşığı köri tozu

½ çay kaşığı öğütülmüş tarçın

¼ çay kaşığı acı biber

1 orta boy kabak, ikiye bölünmüş

1 küçük patlıcan, ½ inçlik dilimler halinde kesin

1 büyük sarı dolmalık biber, ikiye bölünmüş ve çekirdekleri çıkarılmış

1 orta boy kırmızı soğan, dörde bölünmüş

8 çeri domates

8 büyük yaprak marul

Kavrulmuş çam fıstığı sosu (bkz.<u>yemek tarifi</u>)

Limon dilimleri

1. Marine için 3 yemek kaşığı zeytinyağı, limon suyu, 1 çay kaşığı kimyon, sarımsak, ½ çay kaşığı kırmızı biber, köri tozu, ¼ çay kaşığı tarçın ve kırmızı biberi küçük bir kapta karıştırın. Tavuk parçalarını sığ bir kasede büyük,

açılıp kapanabilir bir plastik torbaya koyun. Marinayı tavuğun üzerine dökün. çantayı kapatın; çantayı ceketin üzerine çevirin. Ara sıra poşeti çevirerek buzdolabında 30 dakika marine edin.

2. Tavuğu marineden çıkarın; turşuyu atın. Tavuğu dört uzun şişin üzerine geçirin.

3. Kabağı, patlıcanı, biberi ve soğanı bir fırın tepsisine koyun. 2 yemek kaşığı zeytinyağı ile gezdirin. Kalan ¾ çay kaşığı kimyon, kalan ½ çay kaşığı kırmızı biber ve kalan ¼ çay kaşığı tarçın serpin; Sebzeleri hafifçe yayın. Domatesleri iki şiş üzerine yerleştirin.

3. Kömür ızgarasında veya gazlı ızgarada tavuk ve domates şişlerini ve sebzeleri orta ateşte ızgaraya yerleştirin. Tavuğun pembeliği kaybolana ve sebzeler hafifçe kömürleşip çıtır çıtır olana kadar üzerini örtün ve ızgara yapın, bir kez çevirin. Tavuk için 10-12 dakika, sebzeler için 8-10 dakika ve domatesler için 4 dakika bekleyin.

4. Tavukları şişlerden çıkarın. Tavuğu parçalayın ve kabağı, patlıcanı ve biberi küçük parçalar halinde kesin. Domatesleri şişlerden çıkarın (doğramayın). Tavukları ve sebzeleri bir tabağa dizin. Servis yapmak için bir marul yaprağına tavuk ve sebzelerin bir kısmını yerleştirin; kızarmış çam fıstığı serpin. Limon dilimleri ile servis yapın.

MANTARLI KAVRULMUŞ TAVUK GÖĞSÜ, SARIMSAKLI PÜRELI KARNABAHAR VE KAVRULMUŞ KUŞKONMAZ

BAŞLANGIÇTAN BITIME:Verim 50 dakika: 4 porsiyon

4 10 ila 12 ons derisiz yarım tavuk göğsü

3 su bardağı küçük beyaz mantar

1 su bardağı ince dilimlenmiş pırasa veya sarı soğan

2 su bardağı tavuk kemiği suyu (bkz.yemek tarifi) veya ilave tuz içermeyen tavuk suyu

1 su bardağı kuru beyaz şarap

1 büyük demet taze kekik

karabiber

beyaz şarap sirkesi (isteğe bağlı)

1 baş karnabahar, çiçeklerine bölünmüş

12 diş soyulmuş sarımsak

2 yemek kaşığı zeytinyağı

Beyaz veya acı biber

1 pound kuşkonmaz, dilimlenmiş

2 çay kaşığı zeytinyağı

1. Fırını 400° F'ye ısıtın. Tavuk göğüslerini 3 litrelik dikdörtgen bir pişirme kabına koyun; mantar ve pırasa ile doldurun. Tavuk kemik suyu ve şarabı tavuk ve sebzelerin üzerine dökün. Üzerine kekik serpin ve karabiber serpin. Plakayı alüminyum folyo ile kaplayın.

2. 35 ila 40 dakika veya tavuk kayıtlarına 170° F yerleştirilen anında okunan bir termometreye kadar pişirin. Kekik dallarını çıkarın ve atın. İstenirse, servis yapmadan önce kızartma sıvısını bir tutam sirke ile tatlandırın.

2. Bu arada, büyük bir tencerede karnabahar ve sarımsağı üzerini geçecek kadar kaynar suda yaklaşık 10 dakika veya yumuşayana kadar pişirin. Karnabahar ve sarımsağı süzün, pişirme sıvısından 2 yemek kaşığı ayırın. Karnabaharı ve ayrılmış pişirme sıvısını bir mutfak robotuna veya büyük bir karıştırma kabına koyun. Pürüzsüz olana kadar işleyin* veya bir patates ezici ile ezin; 2 yemek kaşığı zeytinyağı ekleyin ve tatlandırmak için beyaz biber ekleyin. Servis yapana kadar sıcak tutun.

3. Kuşkonmazı fırın tepsisine tek kat halinde yerleştirin. 2 çay kaşığı zeytinyağı ile gezdirin ve fırlatın. Karabiber serpin. 400 ° F fırında yaklaşık 8 dakika veya gevrek olana kadar pişirin, bir kez fırlatın.

4. Püre haline getirilmiş karnabaharı altı servis tabağına paylaştırın. Tavuk, mantar ve pırasa ile doldurun. Biraz kavurma sıvısı dökün; kavrulmuş kuşkonmaz ile servis edilir.

*Not: Mutfak robotu kullanıyorsanız fazla işlememeye dikkat edin yoksa karnabaharı çok inceltir.

TAY USULÜ TAVUK ÇORBASI

EV IŞI:30 dakika dondurun: 20 dakika pişirin: 50 dakika Verim:
4 ila 6 porsiyon

DEMIRHINDI ACI VE MISK KOKULU BIR MEYVEDIR.HINT,
TAYLAND VE MEKSIKA MUTFAĞINDA KULLANILIR. TICARI
OLARAK HAZIRLANMIŞ BIRÇOK DEMIRHINDI EZMESI ŞEKER
IÇERIR; IÇERMEYEN BIR TANE ALDIĞINIZDAN EMIN OLUN.
KAFFIR MISKET LIMONU YAPRAKLARI ÇOĞU ASYA
PAZARINDA TAZE, DONDURULMUŞ VE KURUTULMUŞ OLARAK
BULUNABILIR. BULAMIYORSANIZ, BU TARIFTEKI YAPRAKLARI
1½ ÇAY KAŞIĞI INCE RENDELENMIŞ LIMON KABUĞU RENDESI
ILE DEĞIŞTIRIN.

- 2 sap limon otu, kırpılmış
- 2 yemek kaşığı rafine edilmemiş hindistancevizi yağı
- ½ fincan ince dilimlenmiş hunácka
- 3 büyük diş sarımsak, ince dilimlenmiş
- 8 su bardağı tavuk kemiği suyu (bkz.<u>yemek tarifi</u>) veya ilave tuz içermeyen tavuk suyu
- ¼ su bardağı şeker ilavesiz demirhindi ezmesi (Tamicon markası gibi)
- 2 yemek kaşığı nori gevreği
- 3 taze Tayland biberi, ince dilimlenmiş ve çekirdekleri bozulmamış (bkz.<u>eğim</u>)
- 3 kafir misket limonu yaprağı
- 1 3-inç parça zencefil, ince dilimlenmiş
- 4 kemiksiz, derisiz yarım tavuk göğsü, her biri 6 ons
- 1 14,5 ons tuz eklenmemiş kutu doğranmış kavrulmuş domates, süzülmüş değil

6 ons ihale kuşkonmaz, kesilmiş ve çapraz olarak ½ inçlik parçalar halinde kesilmiş

½ fincan paketlenmiş Tay fesleğen yaprağı (bkz.<u>dipnot</u>)

1. Bir bıçağın arkasını kullanarak ve sıkı bir baskı uygulayarak limon otu saplarına hafifçe vurun. Bilenmiş sapları ince ince doğrayın.

2. Hindistan cevizi yağını bir Hollanda fırınında orta ateşte ısıtın. Limon otu ve frenk soğanı ekleyin; sık sık karıştırarak 8 ila 10 dakika pişirin. Sarımsak ekleyin; pişirin ve 2 ila 3 dakika veya kokulu olana kadar karıştırın.

3. Tavuk kemiği suyu, demirhindi ezmesi, nori gevreği, acı biber, misket limonu yaprakları ve zencefili ekleyin. Kaynatın; ısıyı azaltın. Örtün ve 40 dakika kısık ateşte pişirin.

4. Bu arada tavuğu 20 ila 30 dakika veya sertleşene kadar dondurun. Tavuğu ince dilimler halinde kesin.

5. Çorbayı ince bir süzgeçten geçirerek büyük bir tencereye süzün ve tatlarını çıkarmak için büyük bir kaşığın arkasıyla bastırın. Katıları atın. Çorbayı pişirin. Tavuğu, soyulmamış domatesleri, kuşkonmazı ve fesleğeni ekleyin. Isıyı azaltın; 2 ila 3 dakika veya tavuk tamamen pişene kadar açıkta pişirin. Hemen servis yapın.

ESCAROLE ILE LIMON ADAÇAYI IZGARA TAVUK

EV IŞI:15 dakika pişirme: 55 dakika dinlenme: 5 dakika Verim:
4 porsiyon

LIMON DILIMLERI VE ADAÇAYI YAPRAKLARI.TAVUĞUN
DERISININ ALTINA YERLEŞTIRILEREK PIŞIRME SIRASINDA
ETE LEZZET KATAR VE FIRINDAN ÇIKTIĞINDA ÇITIR ÇITIR,
OPAK DERISININ ALTINDA ÇEKICI BIR TASARIM OLUŞTURUR.

4 kemikli (ciltli) yarım tavuk göğsü

1 limon, çok ince dilimler halinde kesin

4 büyük adaçayı yaprağı

2 çay kaşığı zeytinyağı

2 çay kaşığı Akdeniz baharatı (bkz.<u>yemek tarifi</u>)

½ çay kaşığı karabiber

2 yemek kaşığı sızma zeytinyağı

2 arpacık, dilimlenmiş

2 diş ezilmiş sarımsak

4 hindiba başı, uzunlamasına ikiye bölünmüş

1. Fırını 400° F'ye ısıtın. Bir bıçak kullanarak her bir göğüs
   yarısının derisini dikkatlice gevşetin ve bir tarafa
   yapıştırın. Her göğüs etinin üzerine 2 limon dilimi ve 1
   adaçayı yaprağı koyun. Cildi nazikçe yerine geri çekin
   ve sabitlemek için hafifçe aşağı doğru bastırın.

2. Tavuğu sığ bir pişirme kabına koyun. Tavuğu 2 çay kaşığı
   zeytinyağı ile fırçalayın; Akdeniz baharatları ve ¼ çay
   kaşığı karabiber serpin. Kapağı açık olarak yaklaşık 55
   dakika veya cilt altın rengi kahverengi ve gevrek olana
   kadar ızgara yapın ve tavuğun 170°F kayıtlarına anında

okunan bir termometre yerleştirin. Tavuğu servis etmeden önce 10 dakika dinlendirin.

3. Bu arada, 2 yemek kaşığı zeytinyağını büyük bir tavada orta ateşte ısıtın. Arpacık ekleyin; yaklaşık 2 dakika veya yarı saydam olana kadar pişirin. Kalan ¼ çay kaşığı biberi hindibanın üzerine serpin. Tavaya sarımsak ekleyin. Hindibaları kesik tarafları aşağı gelecek şekilde tavaya yerleştirin. Yaklaşık 5 dakika veya kızarana kadar pişirin. Hindibaları dikkatlice çevirin; 2 ila 3 dakika daha uzun veya yumuşayana kadar pişirin. tavuk ile servis yapın.

TAZE SOĞAN, SU TERESI VE TURPLU TAVUK

TURP PIŞIRMEK GARIP GELSE DE,BURADA ZAR ZOR PIŞIRILIRLER, SADECE BAHARATLI ISIRIKLARINI YUMUŞATMAYA VE BIRAZ YUMUŞATMAYA YETECEK KADAR.

3 yemek kaşığı zeytinyağı

4 10 ila 12 ons tavuk göğsü yarısı (ciltli)

1 yemek kaşığı limonlu baharat (bkz.<u>yemek tarifi</u>)

¾ fincan kıyılmış kuzey hogweed

6 turp, ince dilimlenmiş

¼ çay kaşığı karabiber

½ su bardağı sek beyaz vermut veya sek beyaz şarap

⅓ fincan kaju kreması (bkz.<u>yemek tarifi</u>)

1 demet su teresi, saplarını kesin ve doğrayın

1 yemek kaşığı şeritler halinde kesilmiş taze dereotu

1. Fırını 350°F'ye ısıtın Zeytinyağını büyük bir tavada orta-yüksek ateşte ısıtın. Tavuğu bir kağıt havluyla kurulayın. Tavuğu deri tarafı aşağı gelecek şekilde 4 ila 5 dakika veya cilt altın rengi kahverengi ve çıtır çıtır olana kadar pişirin. Tavuğu çevirin; yaklaşık 4 dakika veya kızarana kadar pişirin. Tavuğu deri tarafı yukarı gelecek şekilde sığ bir fırın tepsisine yerleştirin. Limon ot baharatını tavuğun üzerine serpin. Yaklaşık 30 dakika veya tavuğa yerleştirilen anında okunan bir termometre 170 ° F'yi kaydedene kadar pişirin.

2. Bu sırada tavadaki yağın 1 yemek kaşığı hariç hepsini boşaltın; Tavayı tekrar ısıtın. Frenk soğanı ve turp ekleyin; yaklaşık 3 dakika veya soğan soluncaya kadar pişirin. Biber serpin. Vermutu ekleyin ve kızartılmış parçaları sıyırmak için karıştırın. Kaynatın; azalana ve hafifçe kalınlaşana kadar pişirin. Kaju kreması ekleyin; aşçı. Tavayı ocaktan alın; su teresi ve dereotu ekleyin ve su teresi soluncaya kadar hafifçe karıştırın. Kızartma tavasında birikmiş olan tavuk sularını ekleyin.

3. Kapari karışımını dört servis tabağına paylaştırın; tavuk ile üst.

TAVUK TIKKA MASALA

EV IŞI:30 dakika Marine etme: 4 ila 6 saat Pişirme: 15 dakika
Izgara: 8 dakika Verim: 4 porsiyon

BUNUN IÇIN ILHAM KAYNAĞI, ÇOK POPÜLER OLAN HINT
YEMEKLERIYDI.HINDISTAN'DA DEĞIL, BRITANYA'DAKI BIR
HINT RESTORANINDA ORTAYA ÇIKMIŞ OLABILIR.
GELENEKSEL TAVUK TIKKA MASALA, TAVUĞUN YOĞURTTA
MARINE EDILMESINI VE ARDINDAN ÜZERINE KREMA
EKLENMIŞ BAHARATLI DOMATES SOSUNDA PIŞIRILMESINI
GEREKTIRIR. SOSUN LEZZETINI BULANDIRACAK SÜT ÜRÜNÜ
IÇERMEYEN BU VERSIYONUN TADI ÖZELLIKLE TEMIZDIR.
PILAV YERINE ÇITIR KABAK ERIŞTESI ÜZERINDE SERVIS
EDILIR.

1½ pound kemiksiz veya derisiz tavuk butları veya yarım
  tavuk göğsü

¾ bardak normal hindistan cevizi sütü (Nature's Way gibi)

6 diş doğranmış sarımsak

1 yemek kaşığı rendelenmiş taze zencefil

1 çay kaşığı öğütülmüş kişniş

1 çay kaşığı kırmızı biber

1 çay kaşığı öğütülmüş kimyon

¼ çay kaşığı öğütülmüş kakule

4 yemek kaşığı rafine hindistan cevizi yağı

1 su bardağı doğranmış havuç

1 ince dilimlenmiş kereviz

½ bardak doğranmış soğan

2 jalapeño veya serrano biber, çekirdekleri çıkarılmış
  (isteğe bağlı) ve ince kıyılmış (bkz.eğim)

1 14,5 ons tuz eklenmemiş kutu doğranmış kavrulmuş
   domates, süzülmüş değil

Tuzsuz 18 ons domates sosu

1 çay kaşığı tuz eklenmemiş garam masala

3 orta boy kabak

½ çay kaşığı karabiber

taze kişniş yaprakları

1. Tavuk budu kullanıyorsanız, her budu üç parçaya bölün.
   Yarım tavuk göğsü kullanıyorsanız, her bir göğsün
   yarısını 2 inçlik parçalar halinde kesin, kalın kısımları
   daha ince yapmak için yatay olarak ikiye bölün. Tavuğu
   büyük, yeniden kapatılabilir bir plastik torbaya koyun;
   kenara koymak Marine için ½ su bardağı hindistan
   cevizi sütü, sarımsak, zencefil, kişniş, kırmızı biber,
   kimyon ve kakuleyi küçük bir kasede birleştirin.
   Turşuyu poşetteki tavuğun üzerine dökün. Torbayı
   kapatın ve tavuğu kaplamak için çevirin. Torbayı orta
   kaseye yerleştirin; Torbayı ara sıra çevirerek
   buzdolabında 4 ila 6 saat marine edin.

2. Izgarayı önceden ısıtın. Orta ateşte büyük bir tavada 2
   yemek kaşığı hindistancevizi yağını ısıtın. Havuç,
   kereviz ve soğan ekleyin; ara sıra karıştırarak 6 ila 8
   dakika veya sebzeler yumuşayana kadar pişirin.
   Jalapeno ekleyin; pişirin ve 1 dakika daha karıştırın.
   Soyulmamış domatesleri ve domates sosunu ekleyin.
   Kaynatın; ısıyı azaltın. Yaklaşık 5 dakika veya sos
   hafifçe kalınlaşana kadar kapağı açık olarak pişirin.

3. Tavuğu boşaltın ve turşuyu atın. Tavuk parçalarını
   ısıtılmamış bir ızgara üzerine tek bir tabaka halinde
   yerleştirin. 8 ila 10 dakika veya tavuk artık

pembeleşene kadar 5 ila 6 inç ızgara yapın, pişirme işleminin yarısında bir kez çevirin. Pişmiş tavuk parçalarını ve kalan ¼ bardak hindistancevizi sütünü tavadaki domates karışımına ekleyin. 1 ila 2 dakika veya iyice ısınana kadar pişirin. Ateşten alın; garam masala'yı ekleyin.

4. Kabakların uç kısımlarını kesin. Bir jülyen kesici kullanarak, kabakları uzun ince şeritler halinde kesin. Çok büyük bir tavada kalan 2 yemek kaşığı hindistancevizi yağını orta-yüksek ateşte ısıtın. Kabak şeritlerini ve karabiberi ekleyin. 2 ila 3 dakika veya kabak gevrekleşinceye kadar pişirin ve karıştırın.

5. Servis yapmak için kabağı dört servis tabağına bölün. Tavuk karışımı ile doldurun. Kişniş yaprakları ile süsleyin.

RAS EL HANOUT TAVUK BUTLARI

EV IŞI:Pişirme süresi 20 dakika: 40 dakika Verim: 4 porsiyon

RAS EL HANOUT BIR KOMPLEKSTIRVE EGZOTIK FAS BAHARATLARININ BIR KARIŞIMI. İFADE, ARAPÇA'DA "MAĞAZA PATRONU" ANLAMINA GELIR, YANI BAHARAT SATICISININ SUNDUĞU EN IYI BAHARATLARIN EŞSIZ BIR KARIŞIMIDIR. RAS EL HANOUT IÇIN BELIRLENMIŞ BIR TARIF YOKTUR, ANCAK GENELLIKLE ZENCEFIL, ANASON, TARÇIN, KÜÇÜK HINDISTAN CEVIZI, KARABIBER, KARANFIL, KAKULE, KURU ÇIÇEKLER (LAVANTA VE GÜL GIBI), BÖĞÜRTLEN, KÜÇÜK HINDISTAN CEVIZI, HAVLICAN VE ZERDEÇAL KARIŞIMI IÇERIR. .

1 yemek kaşığı öğütülmüş kimyon

2 çay kaşığı öğütülmüş zencefil

1½ çay kaşığı karabiber

1½ çay kaşığı öğütülmüş tarçın

1 çay kaşığı öğütülmüş kişniş

1 çay kaşığı acı biber

1 çay kaşığı öğütülmüş yenibahar

½ çay kaşığı öğütülmüş karanfil

¼ çay kaşığı öğütülmüş hindistan cevizi

1 çay kaşığı safran ipliği (isteğe bağlı)

4 yemek kaşığı rafine edilmemiş hindistancevizi yağı

8 kemiksiz tavuk budu

1 8 onsluk paket taze mantar, dilimlenmiş

1 bardak doğranmış soğan

1 su bardağı doğranmış kırmızı, sarı veya yeşil dolmalık biber (1 büyük)

4 Roma domatesi, çekirdeksiz, çekirdeksiz ve doğranmış

4 diş sarımsak, doğranmış

2 13,5 ons kutu saf hindistan cevizi sütü (Nature's Way gibi)

3 ila 4 yemek kaşığı taze limon suyu

¼ fincan ince kıyılmış taze kişniş

1. Ras el hanout için kimyon, zencefil, karabiber, tarçın, kişniş, kırmızı biber, yenibahar, karanfil, küçük hindistan cevizi ve isteğe bağlı safranı orta boy bir havanda veya küçük bir kasede birleştirin. İyice karıştırmak için bir havanda ezin veya bir kaşıkla karıştırın. Kenara koyun.

2. 2 yemek kaşığı hindistancevizi yağını çok büyük bir tavada orta ateşte ısıtın. Tavuk budu üzerine 1 yemek kaşığı ras el hanout serpin. Tavaya tavuk ekleyin; 5 ila 6 dakika veya kızarana kadar pişirin, pişirme işleminin yarısında bir kez çevirin. Tavuğu tavadan çıkarın; sıcak tutmak.

3. Aynı tavada kalan 2 yemek kaşığı hindistancevizi yağını orta ateşte ısıtın. Mantar, soğan, dolmalık biber, domates ve sarımsağı ekleyin. Yaklaşık 5 dakika veya sebzeler yumuşayana kadar pişirin ve karıştırın. Hindistan cevizi sütü, limon suyu ve 1 yemek kaşığı ras el hanout ekleyin. Tavuğu tavaya geri koyun. Kaynatın; ısıyı azaltın. Yaklaşık 30 dakika veya tavuk yumuşayana kadar (175°F) üzeri kapalı olarak pişirin.

4. Tavuğu, sebzeleri ve sosu kaselerde servis edin. Kişniş ile süsleyin.

Not: Artık Ras el Hanout'u kapalı bir kapta 1 aya kadar saklayın.

BUHARDA PIŞMIŞ ISPANAK ÜZERINDE KARAMBOLADA MARINE EDILMIŞ TAVUK BUDU

EV IŞI:40 dakika Marine etme: 4 ila 8 saat Pişirme: 45 dakika
Verim: 4 porsiyon

GEREKIRSE TAVUĞU KURULAYIN.TAVADA KIZARTILMADAN ÖNCE MARINEDEN ÇIKARDIKTAN SONRA KAĞIT HAVLU ILE. ETIN ÜZERINDE KALAN HERHANGI BIR SIVI, SICAK YAĞA SIÇRAYACAKTIR.

8 kemiksiz tavuk budu (1½ ila 2 pound), derisiz

¾ fincan beyaz veya elma sirkesi

¾ su bardağı taze portakal suyu

½ su bardağı su

¼ bardak doğranmış soğan

¼ bardak taze kişniş, doğranmış

4 diş sarımsak, doğranmış

½ çay kaşığı karabiber

1 yemek kaşığı zeytinyağı

1 carambola (carambola), dilimlenmiş

1 su bardağı tavuk kemiği suyu (bkz.<u>yemek tarifi</u>) veya ilave tuz içermeyen tavuk suyu

2 9 onsluk paket taze ıspanak yaprağı

taze kişniş yaprakları (isteğe bağlı)

1. Tavuğu paslanmaz çelik veya emaye bir tencereye koyun; kenara koymak Orta boy bir kapta sirke, portakal suyu, su, soğan, ¼ su bardağı kıyılmış kişniş, sarımsak ve biberi birleştirin; tavukların üzerine dökün. Örtün ve buzdolabında 4 ila 8 saat marine edin.

2. Tavuk karışımını orta-yüksek ateşte bir tavada kaynatın; ısıyı azaltın. Örtün ve 35 ila 40 dakika veya tavuk artık pembe (175 ° F) olana kadar pişirin.

3. Çok büyük bir tavada yağı orta-yüksek ateşte ısıtın. Maşa kullanarak tavuğu Hollandalı fırından çıkarın ve pişirme sıvısını boşaltmak için hafifçe sallayın; pişirme sıvısını saklayın. Tavuğun her tarafını kahverengileştirin, eşit şekilde kızarması için sık sık çevirin.

4. Bu sırada pişirme sıvısını sosun içine süzün; Hollandalı fırına dönün. Hadi pişirelim. Hafifçe azaltmak ve kalınlaştırmak için yaklaşık 4 dakika pişirin; karambola ekleyin; 1 dakika daha pişirin. Tavuğu Hollanda fırınındaki sosa geri koyun. Ateşten alın; sıcak tutmak için örtün.

5. Tavayı temizleyin. Tavuk kemik suyunu tavaya dökün. Orta-yüksek ateşte kaynatın; ıspanak ekleyin. Isıyı azaltın; 1 ila 2 dakika karıştırarak veya ıspanak yumuşayana kadar pişirin. Delikli kepçe kullanarak ıspanakları servis tabağına alın. Tavuk ve sos ile doldurun. İstenirse kişniş yaprakları serpin.

CHIPOTLE MAYO ILE TAVUK VE POBLANO LAHANA TACOS

BU DAGINIK AMA LEZZETLI TACOLARI SERVIS EDINYERKEN LAHANA YAPRAGINDAN DÜSEN IÇ HARCI ÇATALLA YAKALAYIN.

1 yemek kaşığı zeytinyağı

2 poblano biber, çekirdeksiz (isteğe bağlı) ve öğütülmüş (bkz.eğim)

½ bardak doğranmış soğan

3 diş sarımsak

1 yemek kaşığı tuzsuz biber

2 çay kaşığı öğütülmüş kimyon

½ çay kaşığı karabiber

Tuzsuz 18 ons domates sosu

¾ fincan tavuk kemiği suyu (bkz.yemek tarifi) veya ilave tuz içermeyen tavuk suyu

1 çay kaşığı kurutulmuş Meksika kekik, ezilmiş

1 ila 1½ pound kemiksiz, derisiz tavuk baldırları

10 ila 12 orta ila büyük lahana yaprağı

Chipotle Paleo Mayo (bkz.yemek tarifi)

1. Fırını 350°F'ye ısıtın.Yağı büyük, fırına dayanıklı bir tavada orta-yüksek ateşte ısıtın. Poblano biberi, soğan ve sarımsağı ekleyin; 2 dakika karıştırarak pişirin. Pul biber, kimyon ve karabiber ekleyin; 1 dakika daha pişirin ve karıştırın (baharatların yanmaması için gerekirse ısıyı azaltın).

2. Tavaya domates sosu, tavuk suyu ve kekiği ekleyin. Hadi
   pişirelim. Tavuk butlarını dikkatlice domates
   karışımına yerleştirin. Tavayı bir kapakla örtün.
   Yaklaşık 40 dakika veya tavuk yumuşayana kadar
   (175°F) pişirin ve yarıya kadar çevirin.

3. Tavuğu tavadan çıkarın; biraz soğu. İki çatal kullanarak
   tavuğu küçük parçalara ayırın. Doğradığınız tavukları
   tavadaki domatesli karışıma ekleyin.

4. Servis etmek için tavuk karışımını lahana yapraklarının
   üzerine dökün; Chipotle Paleo Mayo ile üst.

BEBEK HAVUÇ VE BOK CHOY ILE TAVUK YAHNISI

EV IŞI:Pişirme 15 dakika: 24 dakika dinlenme: 2 dakika Verim:
4 porsiyon

BABY BOK CHOY ÇOK YUMUŞAKVE KISA SÜREDE ÇOK FAZLA
YEMEK PIŞIREBILIRSINIZ. GEVREK VE TAZE KALMASI VE
ISLAK VEYA ISLAK OLMAMASI IÇIN GULAŞI SERVIS ETMEDEN
ÖNCE ÜSTÜ KAPALI BIR GÜVEÇTE (OCAKSIZ) EN FAZLA 2
DAKIKA KAYNATTIĞINIZDAN EMIN OLUN.

- 2 yemek kaşığı zeytinyağı
- 1 pırasa, dilimlenmiş (beyaz ve açık yeşil kısım)
- 4 su bardağı tavuk kemiği suyu (bkz.<u>yemek tarifi</u>) veya ilave
  tuz içermeyen tavuk suyu
- 1 su bardağı kuru beyaz şarap
- 1 yemek kaşığı Dijon hardalı (bkz.<u>yemek tarifi</u>)
- ½ çay kaşığı karabiber
- 1 dal taze kekik
- 1¼ pound kemiksiz, derisiz tavuk baldırları, 1 inçlik
  parçalar halinde kesilmiş
- Üstleri soyulmuş, kesilmiş ve uzunlamasına ikiye bölünmüş
  8 ons bebek havuç veya çapraz olarak dilimlenmiş 2
  orta boy havuç
- 2 çay kaşığı ince rendelenmiş limon kabuğu rendesi
  (rezerv)
- 1 yemek kaşığı taze limon suyu
- 2 baş baby bok choy
- ½ çay kaşığı taze kekik, rendelenmiş

1. 1 çorba kaşığı zeytinyağını büyük bir tavada orta ateşte
   ısıtın. Pırasayı sıcak yağda 3 ila 4 dakika veya

yumuşayana kadar pişirin. Tavuk kemiği suyu, şarap, Dijon hardalı, ¼ çay kaşığı biber ve bir kekik sapı ekleyin. Kaynatın; ısıyı azaltın. 10 ila 12 dakika veya sıvı yaklaşık üçte bir oranında azalana kadar pişirin. Kekik dalını atın.

2. Bu arada, kalan 1 çorba kaşığı zeytinyağını Hollanda fırınında orta-yüksek ateşte ısıtın. Tavuğu kalan ¼ çay kaşığı biberle serpin. Sıcak yağda ara sıra karıştırarak yaklaşık 3 dakika veya altın rengi olana kadar pişirin. Gerekirse yağı boşaltın. Azaltılmış stoğu dikkatlice tencereye ekleyin, kahverengi parçaları kazıyın; havuç ekleyin. Kaynatın; ısıyı azaltın. 8 ila 10 dakika veya havuçlar yumuşayana kadar kapağı açık olarak pişirin. Limon suyu ekleyin. Çin lahanasını uzunlamasına ikiye bölün. (Bok choy başları büyükse dörde bölün.) Çin lahanasını tenceredeki tavuğun üzerine yerleştirin. Örtün ve ocaktan alın; 2 dakika bekletin.

3. Yahniyi sığ kaselerde servis edin. Limon kabuğu ve kekik yaprakları serpin.

MARUL ÜZERINDE KAJU FISTIĞI, PORTAKAL VE TATLI BIBER ILE TAVADA KIZARTILMIŞ TAVUK

BAŞLANGIÇTAN BITIME:45 dakika şu anlama gelir: 4 ila 6 öğün

IKI TIP BULACAKSINIZRAFLARDA HINDISTANCEVIZI YAĞI, RAFINE EDILMIŞ VE SIZMA VEYA RAFINE EDILMEMIŞ. ADINDAN DA ANLAŞILACAĞI GIBI, SIZMA HINDISTANCEVIZI YAĞI, TAZE, ÇIĞ HINDISTAN CEVIZININ ILK PRESLENMESINDEN GELIR. ORTA VEYA ORTA-YÜKSEK ISIDA PIŞIRMEK HER ZAMAN EN IYI SEÇENEKTIR. RAFINE HINDISTANCEVIZI YAĞI DAHA YÜKSEK BIR DUMAN NOKTASINA SAHIPTIR, BU NEDENLE ONU YALNIZCA YÜKSEK ISIDA PIŞIRMEK IÇIN KULLANIN.

- 1 yemek kaşığı rafine hindistan cevizi yağı
- 1½ ila 2 pound kemiksiz, derisiz tavuk baldırları, ince ısırık büyüklüğünde şeritler halinde kesilmiş
- 3 adet kırmızı, turuncu ve/veya sarı dolmalık biber, sapları çıkarılmış, çekirdekleri çıkarılmış ve ince şeritler halinde dilimlenmiş
- 1 kırmızı soğan, uzunlamasına ikiye bölünmüş ve ince dilimlenmiş
- 1 çay kaşığı ince rendelenmiş portakal kabuğu (rezerve)
- ½ su bardağı taze portakal suyu
- 1 yemek kaşığı kıyılmış taze zencefil
- 3 diş sarımsak
- 1 su bardağı çiğ tuzsuz kaju fıstığı, kızartılmış ve kabaca doğranmış (bkz.eğim)
- ½ su bardağı kıyılmış yeşil soğan (4)
- 8 ila 10 yaprak tereyağı veya marul

1. Hindistan cevizi yağını derin bir tavada veya büyük bir
   tavada yüksek ateşte ısıtın. tavuk ekleyin; 2 dakika
   karıştırarak pişirin. Dolmalık biber ve soğan ekleyin; 2
   ila 3 dakika veya sebzeler yumuşayana kadar pişirin ve
   karıştırın. Tavuğu ve sebzeleri wok'tan çıkarın; sıcak
   tutmak.

2. Wok tavasını kağıt havluyla temizleyin. Wok'a portakal
   suyunu ekleyin. Yaklaşık 3 dakika veya meyve suları
   kaynayana ve hafifçe azalana kadar pişirin. Zencefil ve
   sarımsak ekleyin. 1 dakika pişirin ve karıştırın. Tavuk
   ve biber karışımını wok'a geri koyun. Portakal kabuğu
   rendesi, kaju fıstığı ve taze soğanı ekleyin. Marul
   yaprakları üzerinde kızartılarak servis edilir.

HINDISTAN CEVIZI VE LIMON OTU ILE VIETNAM TAVUĞU

BU HIZLI HINDISTANCEVIZI KÖRIBIR ISIRIK ALDIKTAN SONRA 30 DAKIKA IÇINDE MASADA OLABILIR, BU DA ONU YOĞUN BIR HAFTA IÇIN MÜKEMMEL BIR ÖĞÜN HALINE GETIRIR.

1 yemek kaşığı rafine edilmemiş hindistancevizi yağı

4 sap limon otu (sadece hafif kısımlar)

1 3,2 ons paket istiridye mantarı, dilimlenmiş

1 büyük soğan, ince dilimlenmiş, ikiye bölünmüş

1 adet taze jalapeño, çekirdeği çıkarılmış ve ince doğranmış (bkz.eğim)

2 yemek kaşığı kıyılmış taze zencefil

3 diş sarımsak

1½ pound kemiksiz derisiz tavuk butları, ince dilimlenmiş ve küçük parçalar halinde kesilmiş

½ fincan normal hindistan cevizi sütü (Nature's Way gibi)

½ su bardağı tavuk kemiği suyu (bkz.yemek tarifi) veya ilave tuz içermeyen tavuk suyu

1 yemek kaşığı tuzsuz kırmızı köri

½ çay kaşığı karabiber

½ su bardağı kıyılmış taze fesleğen yaprağı

2 yemek kaşığı taze limon suyu

Şekersiz rendelenmiş hindistan cevizi (isteğe bağlı)

1. Hindistan cevizi yağını büyük bir tavada orta ateşte ısıtın. Limon otu ekleyin; 1 dakika karıştırarak pişirin. Mantar, soğan, jalapeño, zencefil ve sarımsak ekleyin; 2 dakika veya soğan yumuşayana kadar pişirin ve karıştırın.

tavuk ekleyin; yaklaşık 3 dakika veya tavuk tamamen pişene kadar pişirin.

2. Küçük bir kapta hindistan cevizi sütü, tavuk kemiği suyu, köri tozu ve karabiberi birleştirin. Tavaya tavuk karışımı ekleyin; 1 dakika veya sıvı hafifçe kalınlaşana kadar pişirin. Ateşten alın; taze fesleğen ve limon suyu ekleyin. İstenirse, porsiyonlara hindistancevizi serpin.

IZGARA TAVUK VE ELMA SALATASI

DAHA TATLI BIR ELMAYI SEVIYORSANIZHONEYCRISP ILE GIT.
ELMALI TURTA SEVIYORSANIZ, GRANNY SMITH KULLANIN
VEYA DENGE IÇIN HER IKI ÇEŞIDIN BIR KARIŞIMINI DENEYIN.

3 orta boy Honeycrisp veya Granny Smith elma

4 çay kaşığı sızma zeytinyağı

½ su bardağı ince kıyılmış maydanoz

2 yemek kaşığı kıyılmış taze maydanoz

1 yemek kaşığı tavuk baharatı

3 ila 4 baş hindiba, dörde bölünmüş

1 pound öğütülmüş tavuk veya hindi göğsü

⅓ su bardağı kıyılmış kavrulmuş fındık*

⅓ fincan klasik Fransız salata sosu (bkz.<u>yemek tarifi</u>)

1. Elmaları ortadan ikiye kesin ve çekirdeklerini çıkarın. 1
elmayı soyun ve ince ince doğrayın. Orta ateşte orta boy
bir tavada 1 çay kaşığı zeytinyağını ısıtın. Kıyılmış elma
ve arpacık ekleyin; yumuşayana kadar pişirin.
Maydanoz ve kümes hayvanı baharatını ekleyin.
Soğumaya bırakın.

2. Bu sırada kalan 2 elmanın çekirdeklerini çıkarın ve
yuvarlak şekilde kesin. Elma dilimlerinin ve hindibanın
kesik taraflarını kalan zeytinyağı ile fırçalayın. Büyük
bir kapta tavuk ve soğutulmuş elma karışımını
birleştirin. Sekiz parçaya bölün; her bir kısmı 2 inçlik
bir köfte haline getirin.

3. Kömürlü veya gazlı ızgarada, tavuk köftelerini ve elma dilimlerini orta ateşte doğrudan ızgaraya yerleştirin. Örtün ve ızgaranın yarısında bir kez çevirerek 10 dakika ızgara yapın. Hindibaları ekleyin, kesik tarafı aşağı gelecek şekilde. Örtün ve 2 ila 4 dakika veya hindiba hafifçe kömürleşene, elmalar yumuşayana ve tavuk köfteleri tamamen pişene (165 ° F) kadar kızartın.

4. Hindibayı büyük parçalar halinde kesin. Hindibaları dört servis tabağına paylaştırın. Üzerine tavuk köftesi, elma dilimleri ve fındık serpin. Klasik Fransız salata sosu ile gezdirin.

*İpucu: Fındıkları kızartmak için fırını önceden 350° F'ye ısıtın. Fındıkları sığ bir pişirme kabına tek kat halinde dizin. 8 ila 10 dakika veya hafifçe kızarana kadar pişirin, eşit şekilde pişirmek için bir kez fırlatın. Fındıkları hafifçe soğutun. Sıcak cevizleri temiz bir mutfak havlusunun üzerine koyun; gevşek cildi çıkarmak için havluyla kurulayın.

LAHANA ŞERITLERI ILE TOSKANA TAVUK ÇORBASI

EV IŞI:Pişirme süresi: 15 dakika: 20 dakika Verim: 4 - 6 porsiyon

BIR KAŞIK PESTO— FESLEĞEN VEYA ROKA SEÇIMINIZ — TUZSUZ KÜMES HAYVANI ÇEŞNISIYLE TATLANDIRILMIŞ BU IŞTAH AÇICI ÇORBAYA LEZZET KATIYOR. LAHANAYI PARLAK YEŞIL VE MÜMKÜN OLDUĞUNCA BESIN AÇISINDAN ZENGIN TUTMAK IÇIN, SOLMAYA YETECEK KADAR PIŞIRIN.

1 pound öğütülmüş tavuk

2 yemek kaşığı tuz eklenmemiş kümes hayvanı çeşnisi

1 çay kaşığı ince rendelenmiş limon kabuğu

1 yemek kaşığı zeytinyağı

1 bardak doğranmış soğan

½ su bardağı doğranmış havuç

1 su bardağı kıyılmış kereviz

4 diş sarımsak, dilimlenmiş

4 su bardağı tavuk kemiği suyu (bkz.<u>yemek tarifi</u>) veya ilave tuz içermeyen tavuk suyu

1 14,5 ons kavrulmuş domates tuz eklenmemiş, süzülmüş değil

1 demet lacinato (Toskana) lahanası, sapları çıkarılmış, doğranmış

2 yemek kaşığı taze limon suyu

1 çay kaşığı taze kekik, şeritler halinde kesilmiş

Fesleğen veya roka pesto (bkz.<u>tarifler</u>)

1. Orta boy bir kapta, öğütülmüş tavuğu, kümes hayvanı çeşnisini ve limon kabuğu rendesini birleştirin. İyice karıştırın.

2. Zeytinyağını Hollandalı bir fırında orta ateşte ısıtın. Tavuk karışımı, soğan, havuç ve kerevizi ekleyin; 5 ila 8 dakika veya tavuk artık pembeleşene kadar pişirin, eti parçalamak için tahta kaşıkla karıştırın ve pişirmenin son dakikasında sarımsak dişlerini ekleyin. Tavuk kemik suyu ve domatesleri ekleyin. Kaynatın; ısıyı azaltın. Örtün ve 15 dakika kısık ateşte pişirin. Lahana, limon suyu ve kekiği ekleyin. Yaklaşık 5 dakika veya lahana yumuşayana kadar kapağı açık olarak pişirin.

3. Servis etmek için çorbayı kaselere koyun ve üzerine fesleğen veya roka pesto ekleyin.

TAVUK LARB

POPÜLER BIR TAYLAND YEMEĞININ BU VERSIYONUMARUL YAPRAKLARINDA SERVIS EDILEN GÜÇLÜ AROMALI KIYILMIŞ TAVUK VE SEBZELERIN BIR KISMI, GELENEKSEL OLARAK IÇERIK LISTESININ BIR PARÇASI OLAN ILAVE ŞEKER, TUZ VE (SODYUM ORANI ÇOK YÜKSEK) BALIK SOSU OLMADAN INANILMAZ DERECEDE HAFIF VE LEZZETLIDIR. SARIMSAK, TAY BIBERLERI, LIMON OTU, LIMON KABUĞU RENDESI, LIMON SUYU, NANE VE KIŞNIŞ ILE YANLIŞ GIDEMEZSINIZ.

1 yemek kaşığı rafine hindistan cevizi yağı

2 pound öğütülmüş tavuk (% 95 yağsız veya öğütülmüş göğüs)

8 ons mantar, ince doğranmış

1 su bardağı ince kıyılmış kırmızı soğan

1 ila 2 Tayland biberi, tohumlanmış ve ince kıyılmış (bkz.eğim)

2 yemek kaşığı kıyılmış sarımsak

2 yemek kaşığı ince kıyılmış limon otu*

¼ çay kaşığı öğütülmüş karanfil

¼ çay kaşığı karabiber

1 yemek kaşığı ince rendelenmiş limon kabuğu rendesi

½ su bardağı taze limon suyu

⅓ fincan sıkıca paketlenmiş taze nane yaprakları, doğranmış

⅓ fincan ince paketlenmiş taze kişniş, doğranmış

1 baş aysberg marul yaprak şeklinde doğranmış

1. Hindistan cevizi yağını büyük bir tavada orta-yüksek
   ateşte ısıtın. Kıyılmış tavuk, mantar, soğan, kırmızı
   biber, sarımsak, limon otu, karanfil ve karabiber
   ekleyin. 8 ila 10 dakika veya tavuk tamamen pişene
   kadar pişirin, eti pişirirken parçalamak için bir spatula
   ile karıştırın. Gerekirse boşaltın. Tavuk karışımını çok
   geniş bir kaba aktarın. Ara sıra karıştırarak yaklaşık 20
   dakika veya oda sıcaklığından biraz daha sıcak olana
   kadar soğumaya bırakın.

2. Tavuk karışımına limon kabuğu rendesi, limon suyu, nane
   ve kişniş ekleyin. Marul yaprakları üzerinde servis
   yapın.

*İpucu: Limon otu yapmak için keskin bir bıçağa ihtiyacınız
   olacak. Gövdenin altından odunsu sapı ve bitkinin
   tepesinden sert yeşil yaprakları kesin. İki sert dış
   katmanı soyun. Yaklaşık 6 inç uzunluğunda ve soluk
   sarı renkte bir parça limon otunuz olmalıdır. Sapı yatay
   olarak ikiye bölün, ardından her bir yarıyı tekrar ikiye
   bölün. Sapın her çeyreğini çok ince dilimler halinde
   kesin.

SZECHWAN KAJU SOSLU TAVUK BURGERLER

EV IŞI:Pişirme 30 dakika: 5 dakika Izgara: 14 dakika Verim: 4 porsiyon

ISITILARAK ELDE EDILEN ACI BIBER YAĞIEZILMIŞ KIRMIZI BIBERLI ZEYTINYAĞI BAŞKA ŞEKILLERDE DE KULLANILABILIR. IZGARA YAPMADAN ÖNCE TAZE SEBZELERI SOTE ETMEK VEYA ÜZERLERINE BIRAZ BIBER YAĞI GEZDIRMEK IÇIN KULLANIN.

2 yemek kaşığı zeytinyağı

¼ çay kaşığı öğütülmüş kırmızı biber

2 su bardağı çiğ, kavrulmuş kaju fıstığı (bkz.eğim)

¼ su bardağı zeytinyağı

½ su bardağı rendelenmiş kabak

¼ fincan ince kıyılmış frenk soğanı

2 diş ezilmiş sarımsak

2 çay kaşığı ince rendelenmiş limon kabuğu

2 çay kaşığı rendelenmiş taze zencefil

1 pound öğütülmüş tavuk veya hindi göğsü

SICHUAN KAJU SOSU

1 yemek kaşığı zeytinyağı

2 yemek kaşığı ince kıyılmış kişniş

1 yemek kaşığı rendelenmiş taze zencefil

1 çay kaşığı Çin beş baharat tozu

1 çay kaşığı taze limon suyu

4 yaprak yeşil veya tereyağlı marul

1. Acı yağ için küçük bir tavada zeytinyağı ve toz kırmızı biberi karıştırın. 5 dakika kısık ateşte ısıtın. Ateşten alın; Serin.

2. Kaju ezmesi için kajuları ve 1 yemek kaşığı zeytinyağını blenderdan geçirin. Örtün ve kremsi olana kadar karıştırın, gerektiği kadar kenarları sıyırmak için durun ve ¼ fincanın tamamı kullanılana ve tereyağı çok pürüzsüz olana kadar her seferinde 1 çorba kaşığı daha fazla zeytinyağı ekleyin; kenara koymak

3. Büyük bir kapta kabak, taze soğan, sarımsak, limon kabuğu rendesi ve 2 çay kaşığı zencefili karıştırın. Kıyma tavuğu ekleyin; iyice karıştırın. Tavuk karışımını dört ½ inçlik köfteye şekillendirin.

4. Kömürlü veya gazlı ızgara için, köfteleri doğrudan yağlanmış ızgaranın üzerine kısık ateşte koyun. Örtün ve 14 ila 16 dakika veya bitene kadar (165°F) ızgara yapın, ızgaranın ortasında bir kez çevirin.

5. Bu arada sos için zeytinyağını küçük bir tavada orta ateşte ısıtın. Frenk soğanı ve 1 yemek kaşığı zencefil ekleyin; orta-düşük ateşte 2 dakika veya soğan yumuşayana kadar pişirin. ½ su bardağı kaju yağı (kalan kaju yağını 1 haftaya kadar soğutun), kırmızı biber yağı, limon suyu ve beş baharat tozu ekleyin. 2 dakika daha pişirin. Ateşten alın.

6. Empanadaları marul yaprakları üzerinde servis edin. Sosla kaplayın.

HINDI TAVUK DÜRÜMLERI

EV IŞI:25 dakika dinlenme süresi: 15 dakika pişirme süresi: 8 dakika Verim: 4 - 6 porsiyon

"BAHARAT", ARAPÇA'DA BASITÇE "BAHARAT" ANLAMINA GELIR.ORTA DOĞU MUTFAĞINDA ÇOK YÖNLÜ BIR BAHARAT, GENELLIKLE BALIK, KÜMES HAYVANLARI VE ET IÇIN SOS OLARAK KULLANILIR VEYA ZEYTINYAĞI ILE KARIŞTIRILARAK SEBZELER IÇIN MARINE OLARAK KULLANILIR. TARÇIN, KIMYON, KIŞNIŞ, KARANFIL VE KIRMIZI BIBER GIBI TATLI VE SICAK BAHARATLARIN BIRLEŞIMI ONU ÖZELLIKLE AROMATIK HALE GETIRIYOR. KURU NANE ILAVESI BIR TÜRK BÜKÜMÜDÜR.

- ⅓ su bardağı kükürtsüz kuru kayısı, doğranmış
- ⅓ su bardağı doğranmış kuru incir
- 1 yemek kaşığı rafine edilmemiş hindistancevizi yağı
- 1½ pound öğütülmüş tavuk göğsü
- 3 bardak doğranmış pırasa (sadece beyaz ve açık yeşil kısımlar) (3)
- ⅔ orta boy yeşil ve/veya kırmızı biber, ince dilimlenmiş
- 2 yemek kaşığı Baharat baharatı (bkz.<u>yemek tarifi</u>, altında)
- 2 diş ezilmiş sarımsak
- 1 su bardağı doğranmış çekirdeksiz domates (2 orta boy)
- 1 su bardağı çekirdeksiz salatalık (yarım orta boy)
- ½ su bardağı tuzsuz antep fıstığı, kabuğu çıkarılmış ve doğranmış, kavrulmuş (bkz.<u>eğim</u>)
- ¼ su bardağı kıyılmış taze nane
- ¼ su bardağı kıyılmış taze maydanoz
- 8 ila 12 büyük marul veya Bibb marul yaprağı

1. Kayısı ve incirleri küçük bir kaseye koyun. ⅔ bardak kaynar su ekleyin; 15 dakika dinlendirin. ½ su bardağı sıvıyı ayırarak süzün.

2. Bu arada hindistancevizi yağını çok büyük bir tavada orta ateşte ısıtın. Kıyma tavuğu ekleyin; Et pişerken parçalanması için tahta kaşıkla karıştırarak 3 dakika pişirin. Pırasa, kırmızı biber, Baharat baharatı ve sarımsağı ekleyin; yaklaşık 3 dakika veya tavuk tamamen pişene ve biberler yumuşayana kadar pişirin ve karıştırın. Kayısı, incir, ayrılmış sıvıyağ, domates ve salatalığı ekleyin. Yaklaşık 2 dakika veya domatesler ve salatalıklar parçalanmaya başlayana kadar pişirin ve karıştırın. Antep fıstığı, nane ve maydanozu ekleyin.

3. Tavuğu ve sebzeleri marul yaprakları üzerinde servis edin.

Baharat Baharatı: Küçük bir kasede 2 yemek kaşığı tatlı kırmızı biberi birleştirin; 1 yemek kaşığı karabiber; 2 çay kaşığı ince kıyılmış kuru nane; 2 çay kaşığı öğütülmüş kimyon; 2 çay kaşığı öğütülmüş kişniş; 2 çay kaşığı öğütülmüş tarçın; 2 çay kaşığı öğütülmüş karanfil; 1 çay kaşığı öğütülmüş hindistan cevizi; ve 1 çay kaşığı öğütülmüş kakule. Sıkıca kapatılmış bir kapta oda sıcaklığında saklayın. Yaklaşık ½ fincan yapar.

CORNISH İSPANYOL TAVUKLARI

EV IŞI:10 dakikalık pişirme: 30 dakikalık pişirme: 6 dakika
Verim: 2-3 porsiyon

BU TARIF DAHA KOLAY OLAMAZDI"VE SONUÇLAR KESINLIKLE
BÜYÜLEYICI. BOL MIKTARDA TÜTSÜLENMIŞ KIRMIZI BIBER,
SARIMSAK VE LIMON BU KÜÇÜK KUŞLARA HARIKA BIR TAT
VERIR.

2 1½ kiloluk Cornish tavuğu, donmuşsa çözülmüş

1 yemek kaşığı zeytinyağı

6 diş doğranmış sarımsak

2 ila 3 yemek kaşığı tatlı füme kırmızı biber

¼ ila ½ çay kaşığı acı biber (isteğe bağlı)

2 limon, dörde bölünmüş

2 yemek kaşığı rendelenmiş taze maydanoz (isteğe bağlı)

1. Fırını 375°F'ye ısıtın. Yabani tavukları mutfak makası
   veya keskin bir bıçakla dar omurganın her iki yanında
   dörde bölün. Kuşu açın ve tavuğu göğüs kemiği boyunca
   ikiye bölün. Deriyi ve eti keserek ve uylukları
   göğüslerden ayırarak arka ayakları çıkarın. Etek ve
   büstü sağlam tutar. Cornish tavuk parçalarını zeytinyağı
   ile ovun. Kıyılmış sarımsak serpin.

2. Tavuk parçalarını derili tarafları yukarı gelecek şekilde
   fırına dayanıklı ekstra büyük bir tavaya yerleştirin.
   Füme kırmızı biber ve kırmızı biber serpin. Tavuğun
   üzerine çeyrek limon sıkın; limon çeyreklerini tavaya
   ekleyin. Tavuk parçalarını deri tarafı aşağı gelecek

şekilde tavaya yerleştirin. Örtün ve 30 dakika pişirin. Tavayı fırından çıkarın.

3. Izgarayı önceden ısıtın. Maşa kullanarak parçaları çevirin. Fırın rafını ayarlayın. Cilt kızarana ve tavuk pişene kadar (175 ° F) 6 ila 8 dakika ısıdan 4 ila 5 inç ızgara yapın. Pan suları ile gezdirin. İsterseniz maydanoz serpin.

NAR VE JÍCAMA SALATASI ILE ÖRDEK GÖĞSÜ

ELMAS DESENINI KESINÖRDEK GÖĞSÜNDEKI YAĞ, GARAM MASALA TERBIYELI GÖĞÜS ETI PIŞIRIRKEN YAĞIN DAMLAMASINA IZIN VERIR. YAĞI JICAMA, NAR TANELERI, PORTAKAL SUYU VE ET SUYU ILE KARIŞTIRIN VE BIRAZ TAT VERMEK IÇIN TERBIYELI SEBZELERLE KARIŞTIRIN.

4 kemiksiz Muscovy ördek göğsü (toplamda yaklaşık 1½ ila 2 pound)

1 yemek kaşığı garam masala

1 yemek kaşığı rafine edilmemiş hindistancevizi yağı

2 bardak jicama, soyulmuş ve doğranmış

½ su bardağı nar taneleri

¼ su bardağı taze portakal suyu

¼ bardak sığır kemik suyu (bkz.<u>yemek tarifi</u>) veya ilave tuz içermeyen et suyu

3 su bardağı su teresi, sapları çıkarılmış

3 bardak yırtık friz ve/veya ince dilimlenmiş Belçika hindiba

1. Keskin bir bıçak kullanarak ördek göğsü yağında 1 inç aralıklarla sığ elmas kesimler yapın. Göğüs yarısının her iki tarafını garam masala ile serpin. Çok büyük bir tavayı orta ateşte ısıtın. Hindistan cevizi yağını sıcak bir tavada eritin. Göğüs yarımlarını deri tarafı aşağı gelecek şekilde tavaya yerleştirin. Çok çabuk kızarmamaya dikkat ederek (gerekirse ısıyı azaltın) derili tarafı alta gelecek şekilde 8 dakika pişirin. Ördek göğüslerini ters çevirin; 5 ila 6 dakika daha veya göğüs yarısına yerleştirilen anında okunan bir termometre orta için

145 ° F kaydedene kadar pişirin. Tavada yağ bırakarak göğüs yarımlarını çıkarın; Sıcak tutmak için alüminyum folyo ile kaplayın.

2. Üzeri için, jicamayı tavadaki yağa ekleyin; kısık ateşte 2 dakika karıştırarak pişirin. Nar taneleri, portakal suyu ve dana kemik suyunu tavaya ekleyin. Kaynatın; hemen ısıdan çıkarın.

3. Salata için su teresini ve frizi geniş bir kapta karıştırın. Sebzelerin üzerine sıcak sos dökün; bir ceket atın.

4. Salatayı dört tabağa bölün. Ördek göğsünü ince dilimler halinde kesin ve salatalara ekleyin.

www.ingramcontent.com/pod-product-compliance
Lightning Source LLC
Chambersburg PA
CBHW051015060726
47593CB00016B/385